Kay Walter

111 Bauwerke in Paris, die uns Geschichte erzählen

emons:

Bibliografische Information der Deutschen Nationalbibliothek
Die Deutsche Nationalbibliothek verzeichnet diese Publikation
in der Deutschen Nationalbibliografie; detaillierte bibliografische
Daten sind im Internet über http://dnb.d-nb.de abrufbar.

© Emons Verlag GmbH
Alle Rechte vorbehalten
© der Fotografien: Kay Walter
© Covermotiv: Istockphoto.com/Bet_Noire
Layout: Eva Kraskes, nach einem Konzept
von Lübbeke | Naumann | Thoben
Kartografie: altancicek.design, www.altancicek.de
Kartenbasisinformationen aus Openstreetmap,
© OpenStreetMap-Mitwirkende, ODbL
Druck und Bindung: CPI – Clausen & Bosse, Leck
Printed in Germany 2019
ISBN 978-3-7408-0691-0
Originalausgabe

Unser Newsletter informiert Sie
regelmäßig über Neues von emons:
Kostenlos bestellen unter
www.emons-verlag.de

Vorwort

Paris ist *der* Sehnsuchtsort für Menschen aus der ganzen Welt. Der Eiffelturm, der Triumphbogen auf der Place de l'Étoile, der Louvre, Sacré-Cœur und natürlich die gotische Kathedrale Notre-Dame de Paris sind Bauwerke, die jeder kennt und auch jederzeit erkennt, die »man einmal im Leben gesehen haben muss«. In Paris wurde zu allen Zeiten Geschichte geschrieben. Das findet nicht zuletzt Ausdruck in sehr besonderen Bauwerken aus allen Epochen.

Paris ist die schönste Stadt der Welt, sagen nicht nur die Pariser selbst, sondern auch 35 Millionen Besucher jedes Jahr. Dabei ist Paris auch ohne sie schon voller Menschen, ist einer der am dichtesten bevölkerten Orte auf der Erde. Die Stadt zählt 2,2 Millionen Einwohner (1921 waren es sogar fast 1 Million mehr), und die drängen sich auf engem Raum. Auf jedem der 105 Quadratkilometer Stadtfläche leben durchschnittlich 21.000 Menschen, fünfmal so viel wie zum Beispiel in Berlin. Deshalb ist der ewige Kreislauf von Bauen – Abriss – Neubau hier ein politisch enorm brisantes Thema. Wem gehört die Stadt? Den Menschen oder dem Verkehr, den Einwohnern oder den Touristen? Wenig Platz zu haben fordert kreative Lösungen. Wie lassen sich Flächen und Gebäude umwidmen? Paris bietet da so einiges an phantasievollen architektonischen und stadtplanerischen Attraktionen.

Pariser Flair, das sind stets gut gefüllte Straßencafés auf den breiten Boulevards des Baron Haussmann. Dessen städtebauliche Um- und Neugestaltung haben die französische Metropole in der zweiten Hälfte des 19. Jahrhunderts von Grund auf verändert, ober- und unterirdisch, und das Stadtbild geprägt. Aber Paris ist nicht nur Haussmann …

»111 Bauwerke in Paris, die uns Geschichte erzählen« ist der etwas andere Führer durch eine der spannendsten und vielseitigsten Städte der Welt. Er nimmt Sie mit zu architektonischen Highlights, erzählt die Historie wenig bekannter, oft übersehener Kleinode. Den Eiffelturm findet jeder, so manches der hier vorgestellten Bauwerke kennen dagegen selbst viele Einheimische nicht.

111 Bauwerke

1___ Das Amt
Das teuerste Rathaus der Stadt | 10

2___ Die Arbeiterstadt
Eine reiche Katholikin schenkt mehr als ihr Taschentuch | 12

3___ Die Arena
Antike im Zentrum von Paris | 14

4___ Das Asienhaus
Eine Kopie, ein Tempel, ein Geschenk und Mata Hari | 16

5___ Die Ateliers
Man Ray, Atget und Majakowski | 18

6___ Das Baccarat
Von Glitzer und Reichtum | 20

7___ Der Backsteinbau
Die Fakultät für Archäologie der Sorbonne | 22

8___ Das Bank(er)haus
Das Hôtel Gaillard oder der Palast des Bankiers | 24

9___ Das Bataclan
Seit über 150 Jahren »the place to be« | 26

10___ Die Bildungsstätte
Weltweit einzigartig – das Collège de France | 28

11___ Das Blumenbeet
Ein Denkmal für Victor Hugo in »seiner eigenen Straße« | 30

12___ Die Botschaft
Das Palais Beauharnais steckt voller Geschichte | 32

13___ Die Brunnen
95 Mal Kunst als Wasserspender | 34

14___ Der Büchertempel
Die Nationalbibliothek in der Rue de Richelieu | 36

15___ Die Burg
Das mittelalterliche Hôtel de Sens im Marais | 38

16___ Die Butte-aux-Cailles
Das Dorf der Pariser Commune | 40

17___ Das Café de Flore
Jean-Paul Sartre und der Nobelpreis | 42

18___ Die Cinémathèque
Wie die Kultur nach Bercy kam | 44

19___ Die Cité Napoléon
Eine Sozialsiedlung als Gefängnis | 46

20___ Die Dachterrassen
Speisen mit Ausblick | 48

21___ Die Docks
Grün ist die Treppe der Mode | 50

22___ Das Dorf
La Petite Alsace | 52

23___ Das Dreieck
Die Place Dauphine oder das »Geschlecht von Paris« | 54

24___ Die Ehrenlegion
Seit 1804 im Palais an der Seine | 56

25___ Der Eingang
Ein Metroeingang als Kunstwerk | 58

26___ Der Erker
Das ist selbst in Paris einmalig | 60

27___ Das Experiment
Neues Wohnen vor der Stadt | 62

28___ Die Fachwerkhäuser
Die letzten ihrer Art | 64

29___ Die Fassade
Lichtspiele im »Institut du monde arabe« | 66

30___ Die Feminismusbücherei
Die Bibliothèque Marguerite Durand | 68

31___ Das Fort
Die Stadtbefestigung mit zweifelhaftem Zweck | 70

32___ Das Freimaurerhaus
Frauen sind zugelassen im »Grand Orient« | 72

33___ Der Friedhof
In Picpus ruhen über 1.300 Opfer der Guillotine | 74

34___ Der Fußgänger-Highway
Eine Bahnstrecke als Park | 76

35___ Die Galerie
Einkaufen und spazieren unter dem Glasdach | 78

36___ Die Gasse
Von einer Glocke und der Guillotine | 80

37___ Das Gedächtnis
Das Meisterstück von Viollet-le-Duc | 82

38___ Die Gedenkstätte
Die Märtyrer haben den besten Ausblick | 84

39 — Die Genossenschaft
   Die Privatstraße Cité des Fleurs | 86
40 — Der Gnomon
   Saint-Sulpice und die Esoteriker | 88
41 — Die Graspyramide
   In Bercy versteckt sich ein Koloss | 90
42 — Das Hinterhaus
   Eugène Delacroix und sein Atelier im Garten | 92
43 — Der Höhepunkt
   Das höchste Sonnendeck heißt »Grande Arche« | 94
44 — Der Hof
   Ein Wallfahrtsort für Fans des Chansons | 96
45 — Das Holzboot
   Ein schwimmendes Hotel auf der Seine | 98
46 — Das Hôtel Biron
   Das Museum Rodin beherbergte einst viele Künstler | 100
47 — Das Hôtel du Nord
   Das reale Haus zum Roman und zum Film | 102
48 — Die Instrumentenbauer
   Die Rue du Romp ist Klang | 104
49 — Die Kacheln
   Was man mit Keramik alles machen kann | 106
50 — Die Katakomben
   Die Beinhäuser von Montrouge | 108
51 — Das Kaufhaus
   Das »Bon Marché« ist das erste seiner Art | 110
52 — Die Kathedrale
   Die Wiege der Gotik in Saint-Denis | 112
53 — Die Kirche
   Im »Bauch von Paris« tobte immer schon das Leben | 114
54 — Das Kleinägypten
   Hathor im Schneiderviertel | 116
55 — Die Kleinigkeit
   Der große Erfolg einer Wette | 118
56 — Der Kolonialtempel
   Der Wandel des Geschichtsbildes | 120
57 — Das Kommunistenhaus
   Oscar Niemeyer in Paris | 122
58 — Die Künstlerkantine
   Berühmte Maler und die Villa Vassilieff | 124

59 — Die Kugel
»La Seine Musicale« auf der Île Seguin | 126

60 — Das Kultkino
Von René Clair bis von Sternberg | 128

61 — Das Kulturzentrum
Musik und Tanz auf den Ruinen der Templer | 130

62 — Die Leichenhalle
Kultur an sehr speziellem Ort | 132

63 — Die Maison La Roche
Le Corbusier in Paris | 134

64 — Das Marionettentheater
Die Guignols de Paris spielen nicht nur für Kinder | 136

65 — Die Mauer
Jedes Jahr im Mai – die »Mur des Fédérés« | 138

66 — Die Mediathek
Ein ehemaliges Gefängnis als Ort der Bildung | 140

67 — Das Medizinmuseum
Skurrilitäten in historischem Ambiente | 142

68 — Die Menschenrechte
200 Jahre sind nicht genug | 144

69 — Der Menschenzoo
Ein romantischer Garten mit düsterer Geschichte | 146

70 — Die Mobilmacher
Les Trottinettes und andere E-Mobile | 148

71 — Das Moonshiner
Eine Bar wie zu Zeiten der Prohibition | 150

72 — Die Moschee
Fès in Paris | 152

73 — Der Nebeneingang
Reiche Männer und ihr »Zugang« zum Ballett | 154

74 — Die Orthodoxe
Die russische Kirche auf dem deutschen Hügel | 156

75 — Der Ozeandampfer
Da steht ein Schiff am Boulevard | 158

76 — Die Palastkirche
Sainte-Chapelle und der wiedergewonnene Glanz | 160

77 — Der Pavillon
Balzac in Passy | 162

78 — Das Pendel
Foucaults Beweis: Und sie dreht sich doch | 164

79 — Die Phalluspforte
   In der Avenue Rapp steht eine Tür | 166
80 — Das Pissoir
   Baron Haussmanns letzte Bedürfnisanstalt | 168
81 — Der Pool
   Das Schwimmbad der Admirale | 170
82 — Die Pulverfabrik
   Ariane Mnouchkines Theater auf dem Militärgelände | 172
83 — Das Radiohaus
   Aus gutem Grund rund | 174
84 — Der Rattenladen
   Spezialisten für Schädlinge aller Art | 176
85 — Das Relikt
   Nicolas Flamel und das älteste Haus von Paris | 178
86 — Der Renoirgarten
   Montmartre hat mehr zu bieten | 180
87 — Die Rotunde
   Die ehemalige Zollstation am Canal Saint-Martin | 182
88 — Die Salpeterie
   Die berühmteste Nervenklinik der Welt | 184
89 — Der Schaltersaal
   Der ehemalige Hauptsitz der »Société Générale« | 186
90 — Die Schatulle
   Die Fondation Louis Vuitton | 188
91 — Der Skandal
   Capitaine Dreyfus und sein Denkmal | 190
92 — Die Station F
   Silicon Valley im alten Lokschuppen | 192
93 — Der Strand
   Sommergefühle in Paris | 194
94 — Die Suite
   Hommage an Marlene Dietrich | 196
95 — Das Theater
   Drei Säle und einige Skandale | 198
96 — Der Totempfahl
   Die Hochhäuser der Front du Seine | 200
97 — Der Tower-Flower
   Die Sensation von 2004 – die grünen Balkone | 202
98 — Die Treppe
   Die kürzeste Straße von Paris | 204

99 — Die Tribüne
Nicht nur zum Pferderennen | 206

100 — Die UNESCO
Die Architekturikone von Breuer, Nervi und Zehrfuss | 208

101 — Die Unterwelt
Die erste Kanalisation einer modernen Großstadt | 210

102 — Das Vaterhaus
Das Museum Belmondo | 212

103 — Das Velodrom
Die mörderische Vergangenheit eines Radstadions | 214

104 — Die Villa
Ein verstecktes Kleinod im Amüsierviertel | 216

105 — Das Volkshaus
Eine Arbeiterbildungsstätte namens »La Bellevilloise« | 218

106 — Die Wand
»Ich liebe dich« in 250 Sprachen | 220

107 — Die Welle
Eine Brücke für Simone de Beauvoir | 222

108 — Die Wilden
Das Musée du Quai Branly – Jacques Chirac | 224

109 — Der Windkanal
Das Laboratorium des Gustave Eiffel | 226

110 — Der Wissenschaftspark
Techniksspielplatz für Menschen von 2 bis 88 | 228

111 — Das Wohnheim
Leben im ökologischen Vorzeigeprojekt | 230

1 Das Amt
Das teuerste Rathaus der Stadt

Viele Pariser halten die *mairie* (Bezirksrathaus) des 10. Arrondissements, die in den Jahren 1892 bis 1896 in einem der Renaissance nachempfundenen Stil auf dem Gelände einer vormaligen Kaserne der städtischen Garde errichtet wurde, für das schönste Amtshaus der ganzen Stadt. Das ist natürlich Geschmackssache. Sicher ist aber, dass es mit Baukosten von damals geradezu unvorstellbaren 2.750.000 Francs das mit Abstand teuerste aller 20 Stadtteilämter von Paris ist. Und ja, es ist schön.

Treppenstufen führen von der Straße hinauf zu den fünf hohen, doppelflügeligen und von geschmiedeten Gitterportalen geschützten Glastüren, die sich zu einer Vorhalle öffnen, die die gesamte Frontseite einnimmt. Darin Denkmale für die Gefallenen der beiden Weltkriege. Im Empfangsbereich führen erneut Stufen empor in einen umlaufenden Arkadengang. Erst der öffnet sich zu einem imposanten Atrium unter einem Oberlicht aus Bleiglas. Über den Arkaden tragen Marmorsäulen die Beletage.

Und dann diese Ehrentreppe: In der Mitte der Stirnseite führt sie, mit kardinalrotem Läufer belegt und von meterhohen Messingkandelabern beleuchtet, nach oben zu Fest- und Trausaal. Auf halber Höhe, vor der Plakette zur Erinnerung an die Einweihung des Amtes 1896, teilt sie sich noch einmal. Imposant, die pure Pracht. Natürlich der gelbliche Pariser Sandstein, so angeleuchtet, dass er golden schimmert. Und das im 10. Arrondissement, das erst 1860 durch Eingemeindung verschiedener Vororte nordöstlich des Zentrums entstand. Schöpfer dieser Prachtentfaltung war Eugène Rouyer (1827–1901), schon im Wettbewerb zum Umbau des Hôtel de Ville knapp nur Zweiter geworden, Ritter der Ehrenlegion und Bauinspektor am Louvre. Die Frauenstatuen an den Außenfassaden repräsentieren die Haupterwerbszweige des Viertels: Glas- und Keramikproduktion, Parfüm, Theater, Stickerei und Kordelflechterei.

Adresse 72, Rue du Faubourg Saint-Martin, 75010 Paris, Tel. +33 (0)1/53721010, www.mairie10.paris.fr | ÖPNV Metro 4, Station Château d'Eau; Metro 5, Station Jacques Bonsergent; Bus 38, 39, 47, Station Mairie du 10e | Öffnungszeiten Mo–Fr 8.30–17 Uhr, Do 8.30–19.30 Uhr, Sa 9–12.30 Uhr | Tipp Das Zehnte ist Theaterdistrikt. Hier gibt es alles, von Comedy bis Klassisch und Avantgarde. Auffallend schön sind das Théâtre Déjazet (41, Boulevard du Temple), das Théâtre Antoine (14, Boulevard de Strasbourg) und das Théâtre du Gymnase Marie Bell (38, Boulevard de Bonne Nouvelle).

2 Die Arbeiterstadt
Eine reiche Katholikin schenkt mehr als ihr Taschentuch

Das Portal ist ein Monument und wird von einem blau-weiß-goldenen Keramikmosaik geziert. Wer hier ein- und ausgeht, braucht sich nicht klein zu fühlen.

Hinter dem Portal öffnet sich ein großer, unregelmäßiger Gartenhof, umschlossen von siebengeschossigen Backsteingebäuden. Auch die machen etwas her: der Backstein in verschiedenen Farben und Mustern gesetzt, Hauseingänge, zu denen Treppen emporführen, große Fenster, Balkone. Hier lässt es sich leben. Die 217 Wohnungen, die der Architekt Auguste Labussière (1863–1956) 1913 errichtet hat, waren damals optisch und qualitativ *state of the art*. Alle Wohnungen zwischen 40 und 50 Quadratmeter groß, damit auch heute für Pariser Verhältnisse nicht klein, mit fließend Wasser, eigenen Toiletten, Heizung. Wo heute im Hof ein Neubau aus den 70er Jahren steht, gab es ursprünglich zwei große Wasch- und Badesäle, getrennt für Frauen und Männer. Der einzige »Schandfleck« des Areals, sonst ist es hier schön und angenehm.

Finanziert hat das Quartier eine Stiftung namens »Fondation Maisons d'Ouvrières« (Gruppe für Arbeiterhäuser); dahinter standen nicht Arbeiter, auch keine Gewerkschaft, sondern ein katholischer Bund und dahinter eine Frau: Amicie Lebaudy (1847–1917). Das Relief über dem Portal zeigt ein Porträt der streng pietistischen Dame – nach Sitte der Zeit Madame Jules Lebaudy genannt –, die Arbeitern ihr Taschentuch reicht. Nach dem Tod ihres steinreichen Mannes nutzte sie einen Großteil des Vermögens für soziale Zwecke. Sie ließ mehrere Wohnareale bauen, immer um eine große Freifläche herum. Ein weiteres in der Rue Ernest Lefevre 5–7 trägt ihren Namen und das nämliche Relief über dem Eingang. Frische Luft und Hygiene hielt Madame Lebaudy für Grundvoraussetzungen, um Mensch zu werden. Was bleibt, sind gute Architektur und ein imposantes Portal. Das ist mit digitalem Nummerncode gesichert. Tagsüber öffnet aber der Hauptknopf.

Adresse 1–17, Rue d'Annam, 75020 Paris | **ÖPNV** Metro 3, Station Gambetta; Bus 26, Station Villiers de l'Isle Adam; Bus 61, 69, Station Martin Nadaud | **Öffnungszeiten** tagsüber zugänglich | **Tipp** Ein weiteres imposantes Gebäude des Duos Lebaudy/Labussière ist der »Palast der Frauen« in der Rue Charonne 94. Heute Sitz der Heilsarmee, stand hier früher ein Kloster, in dem Cyrano de Bergerac ursprünglich begraben lag.

3   Die Arena
Antike im Zentrum von Paris

1869 wurde bei Bauarbeiten zufällig das älteste Gebäude von Paris wiederentdeckt: ein römisches Amphitheater aus dem 1. Jahrhundert. Es muss 12.000 Menschen Platz geboten haben, und doch war es im Lauf der Jahrhunderte in Vergessenheit geraten. Erst wurden die Steine als Baumaterial für Stadtmauern und Häuser abgetragen, dann der Platz zugeschüttet und überbaut. Die Arbeiter waren seinerzeit zwar überrascht, auf antike Mauern zu treffen, aber nicht so sehr, um gleich die Arbeiten zu stoppen und die Ruinen zu bewahren. Nein: Zunächst wurde der Busbahnhof wie vorgesehen errichtet. Erst 14 Jahre später half eine Intervention von Victor Hugo. Er schrieb am 27. Juli 1883 an den Präsidenten des Stadtrats, das Monument müsse »um jeden Preis erhalten werden«. Paris sei die »Stadt der Zukunft«, aber ohne Vergangenheit gebe es auch keine Zukunft. Das Wort des Dichters zeigte Wirkung. Der Busbahnhof wurde wieder abgerissen, die Arena dafür ausgegraben, konserviert und unter Schutz gestellt.

 Dabei zeigte sich, dass es sich um ein seltenes Hybridtheater handelt, benutzt sowohl für Theateraufführungen als auch für Gladiatoren- und Tierkämpfe. Gegenüber dem heutigen Eingang ist die gerade Linie des Theateraufbaus für szenische Stücke noch deutlich erkennbar. Der Halbkreis der Tribüne, der *cavea*, muss noch über die heutige Rue Monge herausgereicht haben, vervollständigt man den freigelegten Bogen.

 In den letzten Jahren erfreut sich die alte Arena großer Beliebtheit im Viertel. Jugendliche nutzen den elliptischen Innenraum als Bolzplatz, nicht ganz so Jugendliche finden das Sand-Kies-Gemisch des Bodens ideal für tägliche Pétanque-Turniere. Die Stufen der Tribünen dienen als Sonnenplatz für die Mittagspause und die Siesta. Dass es sich bei den vergitterten Räumen am rechten Ausgang um die antiken Löwenkäfige handelt, darf allerdings bezweifelt werden.

Adresse 49, Rue Monge, 75005 Paris | **ÖPNV** Metro 7, Bus 47, Station Place Monge; Metro 10, Bus 67, 89, Station Jussieu | **Öffnungszeiten** Mo–Fr 8–18 Uhr, Sa, So 9–18 Uhr, im Sommer bis 20.30 Uhr | **Tipp** »La Mouffe«, die Rue Mouffetard, ist eine der ältesten Straßen von Paris, berühmt durch Literatur (Georges Duhamel) und Kino (»Julie und Julia«, »Die fabelhafte Welt der Amélie«, »Unter dem Himmel von Paris«). Ein Spaziergang lohnt nicht nur für Markt und Geschäfte, sondern auch wegen der Fassaden, besonders Nummer 122 und 134.

4 Das Asienhaus
Eine Kopie, ein Tempel, ein Geschenk und Mata Hari

Der kürzeste Weg nach Asien führt über die Place d'Iéna. Ob Buddhas aus Afghanistan, Jadetassen aus China, indische Vishnu-Statuen oder Samuraischwerter aus Japan, hier im Museum Guimet findet sich alles.

Aber der Reihe nach. Émile Guimet (1836–1918), Spross einer Lyoner Industriellenfamilie, konnte sich für die Arbeit in der väterlichen Chemiefabrik nicht wirklich begeistern. Formal war er Chef, ließ sich aber die meiste Zeit vertreten und verbrachte ein Gutteil seines Lebens in Ägypten und Asien. Ein Mix aus Abenteuer- und Forschungsreisen, verbunden mit leidenschaftlichem Sammeln von Kunstgegenständen aller Art, die er nach Frankreich brachte. 1879 stiftete er seiner Heimatstadt Lyon ein Museum. Doch es mangelte schlicht an Publikumsinteresse. Das ließ Guimet keine Ruhe. 1885 schenkte er die Sammlung dem Staat und ließ am Iéna-Platz von Paris eine exakte Kopie des Gebäudes aus Lyon errichten. Wieder ein großer Palast, wieder mit der Bestimmung, die aus Asien und Ägypten mitgebrachten Kunstgegenstände und Altertümer zu präsentieren. 1889 wurde das Museum eröffnet und war dieses Mal ein großer Erfolg. 1945 wanderte die ägyptische Abteilung in den Louvre; im Tausch erhielt das Museum Guimet dessen Kunstwerke aus Asien: Heute sind dort über 50.000 Exponate aus ganz Asien ausgestellt, vom Himalaya bis Südindien, aus China, Korea und Japan. Einzigartig.

Ein besonderes Schmuckstück ist die Bibliothek im ersten und zweiten Stock der Rotunde, gestaltet wie ein Tempel. Dorische Säulen tragen das von Karyatiden (Frauenstatuen) gestützte Obergeschoss, rundherum Regale voller Folianten, Trompe-l'œil-Wände mit Farbverläufen von Gold nach Pompeji-Rot. Große Buddhastatuen. Beeindruckend. Guimet veranstaltete hier tatsächlich buddhistische Zeremonien, zum Teil in Anwesenheit der Spitzen des Staates. Am 13. März 1905 führte eine Dame ihren »Schleiertanz« vor. Sie sollte als Mata Hari zu Weltruhm gelangen. Die Herren waren begeistert.

Adresse 6, Place d'Iéna, 75116 Paris, Tel. +33 (0)1/56525433, www.guimet.fr | **ÖPNV** Metro 6, Station Boissière; Metro 9, Bus 32, 63, 82, Station Iéna; Bus 22, 30, Station Kléber – Paul Valéry | **Öffnungszeiten** täglich 10–18 Uhr, außer Di | **Tipp** Das »Hôtel Heidelbach«, nur drei Häuser weiter, ist als »Galéries du Panthéon Bouddhique« Teil des Museums Guimet und hat einen wunderbaren japanischen Garten mit Teehaus.

5 Die Ateliers
Man Ray, Atget und Majakowski

Am besten kommt man nachmittags, besser noch am frühen Abend. Dann lässt die Sonne die Rot-, Braun- und Ockertöne der nach Westen ausgerichteten Fassade des Ateliergebäudes in einem fast unwirklichen Licht erstrahlen. Die enorm großen Fenster, die sich über zwei Etagen ziehen, fallen nicht einmal als Erstes auf, so überwältigend ist die Wirkung der fast monochrom scheinenden Gestaltung der Front mit Keramikfliesen aus der Fabrikation von Alexandre Bigot. Der französische Architekt André Arfvidson hat mit diesem Entwurf 1911 den Wettbewerb um die schönste neue Fassade von Paris gewonnen. Halb Art déco, halb klassizistisch.

Genaues Hinschauen lohnt sich. Fünf vertikale Züge, die äußeren eine Winzigkeit schmaler, mit minimalem Erkervorbau, geben dem Haus trotz der Kacheln seine fast klassische Strenge. Hinter jedem der fünf Fenster pro Etage ein doppelstöckiges Appartement, gedacht als Atelier für Künstler oder Architekten. Um die Strenge der Gestaltung ein wenig aufzulockern, können die Fenster in der Mitte zu einem kleinen Austritt – Balkon wäre zu viel gesagt – geöffnet werden, der im dritten Stock vorgesetzt ist. Arfvidson hatte seinen Bau auf die (Licht-)Bedürfnisse von Künstlern hin konzipiert, und einige Appartements wurden auch so genutzt. Der dadaistische Fotograf Man Ray hatte hier sein Atelier, die Bildhauer César (Baldaccini) und Jean-Pierre Raynaud ebenso. Der russische Avantgardist Wladimir Majakowski, Marcel Duchamp und der Musiker Erik Satie logierten nebenan, im »Hôtel Istria«. Eugène Atget, der berühmte Dokumentarist des »Vieux Paris«, war Nachbar (Nummer 17 bis).

Leider kann das Gebäude nicht von innen besichtigt werden, es sei denn als Gast eines der Bewohner. Es bleibt nur, die detailreiche und sehr unterschiedliche Gestaltung der Keramiken zu bewundern – und auch die schlichtere Rückseite zur wunderschönen Passage d'Enfer.

Adresse 31, Rue Campagne-Première, 75014 Paris | **ÖPNV** Metro 4, 6, Bus 68, Station Raspail; Bus 91, Station Campagne-Première | **Öffnungszeiten** nur von außen zu besichtigen | **Tipp** Jean Nouvels doppelte Glasfassade der »Fondation Cartier« (261, Boulevard Raspail) beeindruckt von innen fast noch mehr als von außen. Dort gibt es zudem tolle Ausstellungen und einen wunderbaren Garten.

6 Das Baccarat
Von Glitzer und Reichtum

Marie-Laure de Noailles, geborene Bischoffsheim (1902–1970), Nachfahrin des Marquis de Sade und zudem aus einer der reichsten Familien Frankreichs stammend, hat sich einen Namen als kluge Mäzenin der Avantgarde und exzentrische Künstlerin gemacht. Mit ihrem Ehemann Charles machte sie das »Hôtel Bischoffsheim« zu *dem* Salon im Paris zwischen den Weltkriegen. Picasso, Braque, die Giacomettis, Man Ray und Jean Cocteau waren häufig zu Gast, nicht nur wenn Kurt Weill am Klavier saß. Das Hotel hatte ihr Großvater Ferdinand 1895 vom damals angesagten Architekten Ernest Sanson (1836–1918) bauen lassen, der auch das »Hôtel Ephrussi« gegenüber (Nummer 2) schuf.

In dem am Klassizismus orientierten, aber im Inneren von Marie de Noailles auf Art déco umgekrempelten Palast wurde Kunstgeschichte geschrieben, Buñuels Skandal-Film »L'Age d'Or« durch Spenden finanziert, auch Cocteaus »Le Sang d'un poète« und »La Belle et la Bête«. Obendrein gab es eine klassische Sammlung, mit Werken von Cranach, Rembrandt und Goya. Nach ihrem Tod wurde das Haus verkauft, zunächst an einen Finanzier aus Saudi-Arabien, dann 2003 an »Baccarat«. Die Kristallglasmanufaktur aus Frankreichs Nordosten (heute in amerikanischem Besitz), weltweit Synonym für Luxus und Glitzer, nutzt den Palast als Museum für die eigene Produktion, ob Gläser, Kronleuchter oder Schmuck, und als Verkaufsboutique. Schon der Eingang über einen roten Teppich die große Freitreppe hinauf unter riesigen Lüstern ist schwer beeindruckend.

Im ersten Stock befindet sich seit 2017 das Gourmet-Restaurant »Cristal Room«. Der belgische Designer Philippe Starck hatte von Baccarat Carte blanche bekommen und einen Saal geschaffen, der der Historie des Hauses in jeder Hinsicht gerecht wird. Großer Pomp und Avantgarde bunt gemischt – im wahrsten Sinne des Wortes. Ein Erlebnis für alle Sinne. Im Sommer öffnet im Garten ein Café.

Adresse 11, Place des États-Unis, 75116 Paris, Tel. +33 (0)1/40221110, www.baccarat.com, www.cristalroom.com (Restaurant) | **ÖPNV** Metro 6, Station Boissière; Metro 9, Station Iéna; Bus 22, 30, Station Kléber – Paul Valéry; Bus 82, Station Kléber – Boissière | **Öffnungszeiten** Museum: Di – Sa 10 – 18 Uhr; Cristal Room: täglich 10 – 22 Uhr | **Tipp** Das Modemuseum »Palais Galliera«, nur 500 Meter entfernt, lohnt den Besuch, wegen der Ausstellungen, des Gebäudes und des Gartens, den man im Sommer als Liegewiese nutzen darf – in Paris eine Ausnahme.

7 — Der Backsteinbau
Die Fakultät für Archäologie der Sorbonne

Auffällig, ungewöhnlich. Das sind wahrscheinlich die ersten Adjektive, die Betrachtern des imposanten roten Backsteinschlosses im Zentrum von Paris in den Sinn kommen. Oder auch: unerwartet. Ein solcher Bau an der Ostsee, okay. In Rostock oder Riga, ja, aber in Paris?

Der zweite Blick zeigt, es handelt sich mitnichten um die Backsteingotik der Hansestädte, auch nicht um Backsteinexpressionismus im Stil von Peter Behrens. Der Mix aus maurischen Zinnen, mittelalterlichen Luken, babylonischen Säulen und Reliefs, entworfen (1922) und gebaut (1925–1928) von Paul Bigot, ist viel eher ein Gegenentwurf zu Art déco und Modernismus. Obwohl wuchtig und streng, ist der Bau bei genauerem Hinsehen eher verspielt und romantisch. Der um einen Innenhof errichtete Betonkubus ist, einzigartig in Paris, komplett mit rotem Klinker verkleidet, in sehr unterschiedlichen Mustern gesetzt. In zwei Meter Höhe zieht sich ein Reliefband um das Gebäude – ebenfalls aus rotem Ton gebrannt. Es zeigt als Hinweis auf die Funktion griechisch-römische Szenen und assyrische Löwen, Sphingen und Stierköpfe: Denn das Bauwerk beherbergt die Fakultät für Archäologie der Sorbonne.

Entstanden ist das Institut dank einer Doppelstiftung: Zunächst schenkte 1917 der Modeschöpfer und Mäzen Jacques Doucet seine enorme Bibliothek für Kunst, Bau und Archäologie der Universität (nach seinem Tod 1929 vermachte er auch seine nicht minder bedeutende Sammlung an moderner Literatur der Universität). Zudem stiftete Marie-Louise Peyrat Marquise Arconati-Visconti, genannt »die rote Marquise«, 1920 drei Millionen Goldfrancs für den Bau. So bekam die Sorbonne dieses besondere Bauwerk.

Bis 1968 war es berühmt für ein elf mal sechs Meter großes Modell des konstantinischen Rom des 4. Jahrhunderts, geschaffen ebenfalls von Paul Bigot. Es flog während der Studentenunruhen im Mai 1968 aus dem vierten Stock.

Adresse 3 Rue Michelet, 75006 Paris, Tel. +33 (0)1/53737100, www.lettres.sorbonne-universite.fr | **ÖPNV** Metro 4, Station Vavin; Metro 12, Station Notre-Dame-Des-Champs; Bus 38, 82, Station Auguste Comte; Bus 83, Station Michelet | **Öffnungszeiten** Mo–Fr 9–19 Uhr | **Tipp** Einen Steinwurf entfernt in der Rue de l'Observatoire 2 findet sich die Pariser Niederlassung der ENA. Die wohl berühmteste Verwaltungsschule der Welt wurde 1895 im arabischen Stil errichtet.

8 Das Bank(er)haus
Das Hôtel Gaillard oder der Palast des Bankiers

Groß und stolz prangt der Schriftzug »Banque de France« an dem gewaltigen Bauwerk aus Sandstein, Marmor und in Rauten gesetzten roten und blauen Ziegelsteinen. Man lasse sich nicht täuschen. Es war das Privathaus des Bankiers Émile Gaillard (1821–1902), der sein Vermögen mit Eisenbahnfinanzierungen schuf. 1878 erwarb der Kunstmäzen Gaillard (sein Freund Chopin widmete ihm eine Mazurka) das Grundstück auf der Plaine Monceau und ließ dort in den folgenden sechs Jahren von Jules Février (1842–1937) den Palast im Stil Ludwigs XII. errichten. Der enorme Bau verbindet zwei zuvor eigenständige Villen, das »Hôtel Thann« und das »Hôtel Berger«, zu einem riesigen Komplex in U-Form. Anleihen beim Schloss von Blois sind nicht zu übersehen und beabsichtigt, denn das Gebäude war von Anfang an dafür gedacht, Gaillards Sammlung an mittelalterlicher und Renaissancekunst zu beherbergen. Wie groß das Anwesen ist, mag man daran ermessen, dass zum Einweihungsball am 11. April 1885 über 2.000 Gäste in eigens angefertigten Renaissance Kostümen geladen waren.

Nach dem Tod des Bankiers stand das Ensemble lange leer, die Kunstsammlung wurde versteigert. Im Ersten Weltkrieg diente es als Militärkrankenhaus. Erst 1919 erwarb die Banque de France das Haus und baute in den Keller eine Halle für Tresor und Schließfächer. Im Viertel raunte man damals, diese würden durch Krokodile bewacht, wohl weil im Kellergeschoss ursprünglich eine Zisterne existierte.

Selbst im noblen 8. Arrondissement war der Bau als Bankfiliale überdimensioniert. Andere Verwendungen wurden gesucht: mal Rathaus, mal Museum für Thomas-Alexandre Dumas, den aus Haiti stammenden ersten schwarzen General der Armee und Vater des Schriftstellers Alexandre Dumas. Künftig wird es als »Cité d'Économie et de la Monnaie« ein prachtvoller Ort für ein Museum des Geldes sein – und ein bisschen eine Rückkehr zu den Wurzeln.

Adresse 1, Place du Général Catroux, 75017 Paris, Citéco, Tel. +33 (0)1/42926353, contact@citeco.fr | **ÖPNV** Metro 2, Station Monceau; Metro 3, Station Mallesherbes | **Öffnungszeiten** geplante Neueröffnung des Museums 2019 | **Tipp** Der Duc de Chartres ließ 1769 den Parc Monceau anlegen, mitsamt künstlichem See, griechischem Säulengang und Rosengarten. Claude Monet hat den von prächtigen Bürgerhäusern umgebenen Park in fünf Bildern verewigt.

9 Das Bataclan
Seit über 150 Jahren »the place to be«

Am Abend des 13. November 2015 erschütterten Terroranschläge Paris. 130 Menschen starben, allein 90 Besucher eines Rockkonzerts im »Salle Bataclan«. Die Bilder gingen um die Welt, und das Bataclan erlangte weltweit traurige Berühmtheit. Dabei hat das Haus eine ruhmreiche Geschichte.

Am 3. Februar 1865 wurde der Theaterbau des Architekten Charles Duval eröffnet. Außen wie innen ist alles bunt bemalt, mit orientalischen Ornamenten versehen, die Dachsimse sind im Stil chinesischer Pagoden hochgezogen. Im Erdgeschoss: Café und Veranstaltungssaal, darüber ein Tanzboden. Namensgeber war eine zehn Jahre zuvor uraufgeführte und äußerst erfolgreiche »Chinoiserie« des Kölner Komponisten Jakob, genannt Jacques, Offenbach. Der schmissige, titelgebende Marsch »Ba-Ta-Clan« ist, typisch Offenbach, eine derbe Veralberung des Militärischen.

Das Theater erlebte eine wechselvolle Geschichte. Erfolge und Pleiten bis hin zu zwischenzeitlichen Schließungen lösten sich ab, Umbauten vom Café-Concert zum Kino, zum Theater und wieder zurück. Die Liste der Künstler, die in 150 Jahren auf der Bühne standen, ist so lang wie schräg: Buffalo Bill's Wild-West-Show hat hier gastiert, Maurice Chevalier gesungen, Jane Birkin erstmals eine Bühne betreten; Prince hat hier mit seinen berühmten After-Show-Auftritten begonnen, Lou Reed, John Cale und Nico Päffgen gaben 1972 ihr legendäres, einmaliges Wiedervereinigungskonzert als Velvet Underground; Oasis gefolgt von Rihanna, John Mayall neben Tokio Hotel, Dany Boon neben Punk-Ikonen. Für jeden denkbaren Geschmack etwas dabei.

Dann die Terrornacht. Nach anfänglichem Schock haben die Pariser beschlossen, sich davon nicht unterkriegen zu lassen. Und so auch das Bataclan. Am 12. November 2016 war Wiedereröffnung, auf der Bühne stand Sting und sagte: »Wir sollten der Toten gedenken und das Leben und die Musik feiern.«

Adresse 50, Boulevard Voltaire, 75011 Paris, Tel. +33 (0)1/43140030, www.bataclan.fr |
ÖPNV Metro 5, 9, Station Oberkampf; Metro 8, Station Filles du Calvaire; Bus 56, 96, Station Oberkampf – Richard Lenoir | **Öffnungszeiten** Grand Café Bataclan: Mo – Sa 8 – 2 Uhr, So 10 – 19 Uhr | **Tipp** Das »Grand Café Bataclan«, lange Zeit eher eine Bierschwemme, ist nach der Wiedereröffnung, komplett neu eingerichtet und gestaltet, zu einem Bistro mit Anspruch geworden. Abends Reservierung empfohlen.

10   Die Bildungsstätte
Weltweit einzigartig – das Collège de France

Das Collège de France ist eine wissenschaftliche Institution der besonderen Art: Es gibt keine Diplome, Professoren müssen keine Uni-Laufbahn vorweisen, jeder kann zuhören. Freiheit ist der zentrale Begriff an diesem einmaligen Ort, der seinen Studenten jeden Alters keine andere Voraussetzung abverlangt als Wissensdurst und an dem gleichwohl, oder gerade deswegen, zehn Nobelpreisträger eine feste Professur innehatten.

Franz I. gründete 1530 unter dem Einfluss seiner Schwester Margarete von Navarra, Dichterin der Aufklärung, eine dreisprachige (hebräisch, griechisch, lateinisch) Bildungsstätte, bewusst gegen die rückwärtsgewandte Theologie der Universität gerichtet, ohne festen Ort, nur der humanistischen Bildung verpflichtet. 1610 legte der neunjährige König Ludwig XIII. den Grundstein für das erste Gebäude, direkt neben der Sorbonne. Seine Mutter Maria von Medici überwachte den Bau von Claude Chastillon. Die heutige klassizistische Gestalt erhielt der Komplex, um zwei große Höfe herum gruppiert, nach 1772 durch Jean-François Chalgrin, unter anderem Architekt des Triumphbogens auf der Place Charles-de-Gaulle (der bis 1970 den auch heute noch gebräuchlichen Namen Place de l'Étoile trug). Innen ist das Gebäude auf dem neuesten Stand der Technik, Vorlesungen werden gestreamt, sind auf Französisch und Englisch im Netz abrufbar.

»Alles lehrt«, lautet das Motto der Bildungswerkstatt, *docet omnia*. Die 54 Lehrstühle (plus Gastprofessuren) folgen allein der Anforderung, den jeweils aktuellsten Stand der Forschung zu präsentieren. Hier lehrten zeitweise Theodor Adorno und Albert Einstein, Umberto Eco und Michel Foucault. Es gibt keinen festen, sich wiederholenden Kanon des Lehrstoffs, sondern immer nur das jeweils Neueste. Großer Wert wird auf Interdisziplinäres gelegt. Die Bibliotheken haben Weltgeltung, die Vorlesungen sind öffentlich. Beste Bildung für jeden.

Adresse 11, Place Marcelin Berthelot 1, 75231 Paris, Tel. +33 (0)1/44271211 und 1147, www.college-de-france.fr | **ÖPNV** Metro 10, Station Maubert – Mutualité; Bus 63, 86, 87, Station Collège de France | **Öffnungszeiten** Mo–Fr 8.30–18 Uhr | **Tipp** Das Mittelalter-Museum im Hôtel de Cluny wurde 1330 vom Abt von Cluny über römischen Thermen errichtet. Der Bau samt mittelalterlichem Garten ist ebenso spannend wie die Exponate, von den Apostelfiguren aus Saint-Chapelle über den sogenannten Nautenpfeiler von Kaiser Tiberius bis zur »Dame mit dem Einhorn«.

11 Das Blumenbeet

Ein Denkmal für Victor Hugo in »seiner eigenen Straße«

Bis heute hält sich die Mär, Post mit der Anschrift »Monsieur Victor Hugo à son propre Avenue« (in seiner eigenen Straße) habe sicher den Adressaten erreicht. Eine schöne Geschichte, aber doch eher unwahrscheinlich. Als der Dichter, in seiner Bedeutung nur mit Goethe vergleichbar, hier kurz vor seinem Tod tatsächlich wohnte, hieß die Allee noch nicht nach ihm, sondern Avenue d'Eylau. Gelebt hat Hugo (1802–1885) vor allem an der Place des Vosges im Marais. Die Wohnung an diesem wunderbaren Platz ist heute Museum für den Schöpfer des »Glöckners von Notre-Dame« und der »Elenden«.

Aber es lohnt, durch die Avenue Victor Hugo zu flanieren, die ruhigste der von der Place de l'Étoile/Place Charles-de-Gaulle abgehenden Straßen. Durchgängig gepflegte Häuser in klassischer Haussmann-Architektur, die Cafés heißen »Le Poet« (Der Dichter) oder »L'Esmeralda«, und natürlich gibt es weitere Erinnerungen an Victor Hugo. Über dem Portal der Hausnummer 124 ist sein Kopf in Stein gemeißelt. Auch eine Plakette erinnert daran, dass an dieser Stelle früher das Haus stand, in dem der Dichter gestorben ist.

Noch etwas weiter, an der Ecke Victor Hugo und Henri Martin, fast versteckt in einem Blumenbeet, steht eine Bronzestatue. Ein erkennbar älterer, sitzender, nackter Mann, ein Arm in großer Geste ausgestreckt, der bärtige Kopf in Denker-Pose: Victor Hugo umflogen von zwei Musen im Exil auf Guernsey, geschaffen von Auguste Rodin vier Jahre nach dem Tod des Dichters. Ein einzigartiges Porträt, ursprünglich konzipiert, um im Panthéon aufgestellt zu werden. Da kam es nie an, auch weil die Öffentlichkeit ein so wenig heroisierendes Denkmal nicht schätzte. Nach wechselvoller Geschichte (unter anderem stand einige Jahre eine Marmorfassung auf der Place Royal) wurde die Bronze schließlich am 17. Juni 1964 in diesem Blumenbeet »à son propre Avenue« postiert und eingeweiht.

Adresse Ecke Avenue Victor Hugo / Avenue Henri Martin, 75016 Paris | **ÖPNV** Metro 2, Station Place Victor Hugo; Bus 63, Station Victor Hugo – Henri Martin | **Tipp** Das angesprochene Museum Victor Hugo an der Place des Vosges 6 lohnt immer den Besuch. Der Platz selbst erst recht. Er ist der älteste der fünf Königsplätze und einer der schönsten von Paris.

12 Die Botschaft
Das Palais Beauharnais steckt voller Geschichte

Eines der schönsten Stadtschlösser liegt zwischen Musée d'Orsay und Nationalversammlung: das Palais Beauharnais. Benannt nicht nach Kaiserin Joséphine de Beauharnais, Ehefrau von Napoleon, sondern nach ihrem Sohn Eugène de Beauharnais, Vizekönig von Italien, der das Schloss 1803 erwarb. Joséphine und Tochter Hortense ließen den 1713 vom Rokoko-Architekten Germain Boffrand errichteten Palast mit großem Aufwand im Empirestil umbauen: ägyptischer Portikus, Marmorböden, edle Wandbemalungen, Joséphines berühmtes Bad. Geld floss in derartigen Strömen, dass Napoleon wütend das Ende der Verschwendung verfügte. Der Palast diente ihm fortan als Gästehaus.

Nach dem Einmarsch der Alliierten okkupierte der preußische König Friedrich-Wilhelm III. das Palais, um es dann nach dem Wiener Kongress offiziell zu mieten und schließlich 1818 zu erwerben. Im Kaufvertrag über 570.000 Francs wurden die Kosten der Luxussanierung eigens aufgeführt. Schinkel lebte hier zeitweilig, Bismarck beschwerte sich ausgiebig über die unerträgliche Kälte im Haus, bewohnte nur noch das türkische Boudoir, Wagner erlebte das Fiasko seiner »Tannhäuser«-Premiere. Nach der Reichsgründung 1871 wurde der Palast zur Deutschen Botschaft. 1894 begann mit dem Diebstahl von Papieren aus der Botschaft die Affäre Dreyfus, die Frankreich zutiefst erschütterte. Am 7. November 1938 erschoss der jüdische Emigrant Herschel Grynszpan im Gebäude den Legationsrat Ernst vom Rath – der willkommene Anlass für die Pogrome vom 9. November, als »Reichskristallnacht« berüchtigt.

Als Geste der Versöhnung gab Charles de Gaulle das Palais nach der Unterzeichnung des deutsch-französischen Freundschaftsvertrags zurück. Denkmalgerecht renoviert, dient es seit 1968 als Residenz des deutschen Botschafters. Die ganze Pracht zeigt sich bei offiziellen Empfängen, es kann aber auch nach rechtzeitiger Anmeldung besichtigt werden.

Adresse 78, Rue de Lille, 75007 Paris | **ÖPNV** Metro 12, Bus 24, 63, 73, 83, 84, 94, Station Assemblée Nationale; RER C, Station Musée d'Orsay | **Öffnungszeiten** 90-minütige Führung mit Kunsthistorikerin nur nach fester Terminvergabe (!) unter https://service2.diplo.de/rktermin/extern | **Tipp** »7L« heißt die auf Fotografie, Design, Kunst und Mode spezialisierte Buchhandlung in der Rue de Lille 7. Gründer und Besitzer (in Kooperation mit dem Steidl Verlag) war Karl Lagerfeld.

13 Die Brunnen
95 Mal Kunst als Wasserspender

Sie gelten manchem als heimliche Wahrzeichen der Stadt. Und wer Paris im Hochsommer kennt, weiß sie zu schätzen: die Wallace-Brunnen. Achteckige Sockel, darauf vier weibliche Statuen, Rücken an Rücken in griechischer Tunika. Die Karyatiden tragen ein mit Delphinen geschmücktes Dach, alles aus Gusseisen. In der Mitte ein Strahl reinsten Trinkwassers. Gratis. Beste Qualität. Den durchschlagenden Erfolg dieser öffentlichen Brunnen beweist ihr Spitzname »Brasserie des quatres femmes«, Brauerei der vier Damen.

Der schwerreiche Erbe Sir Richard Wallace (1818–1890) verbrachte den Großteil seines Lebens in Paris. Um seiner Wahlheimat nach der Zerstörung 1870/71 Gutes zu tun, stiftete der Philanthrop über 100 Trinkwasserbrunnen. Schön sollten sie sein und widerstandsfähig, kälte- und hitzebeständig, leicht zu warten, günstig seriell herzustellen, groß und sichtbar, aber nicht störend. Zwei Formen entwarf Wallace gemeinsam mit dem Künstler Charles Auguste Lebourg: den großen Brunnen der vier Damen – 2,70 Meter hoch und über 600 Kilo schwer – und ein in Mauern einzulassendes Modell mit wasserspeiendem Najaden-Kopf. Von Letzterem existiert nur noch ein Exemplar (Rue Geoffroy-Saint-Hilaire). Die »Kleiner Wallace« genannten, 1,30 Meter hohen Säulen mit Druckknopf sind ebenfalls verbreitet, tragen aber das Siegel von Paris, weil sie nicht von Wallace entworfen und finanziert wurden.

Von den »Vier Damen« listet die Statistik der Wasserwerke noch 95, die meisten von ihnen dunkelgrün, im 13. Arrondissement auch je einer in Gelb, Rot und Pink. Die Wasserqualität wird regelmäßig geprüft, der Anstrich alle zwei Jahre erneuert. 1872 wurde der erste Brunnen am Boulevard de la Villette aufgestellt. Vertreter der Stadt glänzten durch Abwesenheit – vielleicht gibt es den Brunnen ja deshalb nicht mehr. Aus hygienischen Gründen wurden seit 1950 die zuvor angeketteten Wasserbecher abgeschafft. Das Wasser bleibt weiter gratis.

Adresse die einzig vollständige Liste aller Brunnen mit Standort unter https://fr.wikipedia.org/wiki/Liste_des_fontaines_Wallace_de_Paris | **Tipp** Die großen Springbrunnen halten im Hochsommer die Pariser Luft erträglich. Die Feuchtigkeit bindet Schmutz, schafft Kühlung. Jeder Pariser hat seinen Lieblingsbrunnen. Der auf der Place Concorde ist nachts am schönsten, die »Fontaines des Médicis« im Park Luxembourg frühmorgens, der »Brunnen der vier Erdteile« (Port Royal) nur wenig beachtet.

14 Der Büchertempel
Die Nationalbibliothek in der Rue de Richelieu

Von 1854 bis zu seinem Tod 1875 baute der Architekt Henri Labrouste im Auftrag von Napoleon III. das alte Palais Mazarin zum Sitz der Nationalbibliothek um. 1868 wurde der zentrale Lesesaal, heute nach seinem Schöpfer Labrouste-Saal genannt, als Herzstück der Bibliothek eröffnet. Ein Meisterwerk. Es fühlt sich an, als träte man gleichzeitig tief in die französische Geschichte und in ein byzantinisches Serail ein: Bemalte Rundbögen mit reichen Goldverzierungen rahmen den Büchertempel ein; rundum drei Etagen Regale voller Folianten; auf filigranen Eisenstützen ruht die hohe Decke des offenen Saals von knapp 10.000 Quadratmetern; eine Vielzahl runder Kuppeln aus gebrannten Steingutfliesen, rot und gold umrandet und mit Glasfenstern in der Mitte, die gedämpftes Tageslicht einfallen lassen. Lange Lesetische aus dunkler Eiche, jeder Arbeitsplatz mit eigener Lampe aus Messing und Glas ausgestattet, dazu etwas versteckt, Computerbildschirme.

Die Bibliothek galt seit ihrer Eröffnung inhaltlich wie architektonisch zu Recht als spektakulär. Eine tragende Eisenkonstruktion hatte Labrouste aus Brandschutzgründen schon zuvor in der Bibliothek Sainte-Geneviève eingebaut. Das war *state of the art*, wurde aber sonst überall gut versteckt. Anders in der Rue de Richelieu. Das Stahlskelett ist nicht nur deutlich sichtbar, sondern wird durch die Deckenkuppeln aus Steingut noch zusätzlich betont: Unmöglich, befand damals der bedeutende Architekt Gottfried Semper. Heute würde man eher sagen: ganz großes Kino.

Aber selbst das riesige Palais im Marais wurde als Nationalbibliothek zu klein. Nach dem Umzug 1998 ans linke Seineufer stand der Bau ganze 18 Jahre lang leer, nicht nur für Bibliophile ein herber Verlust. Vor Kurzem wurde er nach sorgsamen Renovierungen durch Bruno Gaudin und Jean-Francois Lagneau wiedereröffnet und beherbergt jetzt die Präsenzbibliothek des Nationalinstituts für Kunstgeschichte. Das passt zusammen.

Adresse Bibliothèque de l'Institut national d'histoire de l'art (INHA): 58, Rue de Richelieu, 75002 Paris, Tel. +33 (0)1/470347692, www.inha.fr | ÖPNV Metro 1, 7, Station Palais Royal; Metro 3, Station Bourse; Metro 7, 14, Station Pyramides; Bus 29, 39, 48, 67, Station Bibliotèque Nationale | Öffnungszeiten nur im Rahmen geführter Touren (!) Do 15.30 und Sa 17.30 Uhr; Anmeldung unter Tel. +33 (0)1/53794949, www.visites@bnf.fr | Tipp Der Lesesaal der Bibliothèque Saint-Geneviève, direkt neben dem Pantheon und auch von Labrouste gebaut, ist ähnlich schön und einfacher zu besichtigen (Di, Do 9–10 Uhr, Juli, Aug. 9–12 Uhr).

15 Die Burg
Das mittelalterliche Hôtel de Sens im Marais

Sie ist schon auffällig, die Burgfestung mitten in Paris, im ältesten Teil der Stadt unweit der Seinebrücke Pont Marie. Türme und Eingangstor gemahnen an eine Festung, Fenster und Ziergiebel im Stil der Hochgotik an ein Schloss. Und ihr stattliches Alter bedingt, dass sie schon viele Geschichten erlebt hat. Im Jahr 1475 gab Tristan de Salazar, Erzbischof von Sens und für das Bistum Paris zuständig, den Auftrag zum Bau seiner neuen Residenz. Er sollte sie nie beziehen. Der Bau wurde erst in Tristans Todesjahr 1519 fertiggestellt. Die Nachfolger zogen ein, zu ihrer Zeit so illustre Namen wie Antoine du Prat, Louis de Guise oder Nicolas de Pellevé.

Margarete von Valois (»la Reine Margot«) lebte hier 1606 ein knappes Jahr. Bei ihrer Ankunft auf dem Hof soll ihr jugendlicher Liebhaber seinen Vorgänger aus Eifersucht erschossen haben. Eine Legende, wie so viele Geschichten rund um die emanzipierte Margarete, deren Hochzeit mit Heinrich IV. am 23. August 1572 als »Bartholomäusnacht« in die Geschichte einging. 27 Jahre später sollte Heinrich die Ehe annullieren lassen.

1622 wurde Paris Erzbistum. Die Bischöfe von Sens vermieteten das für sie nun nutzlose, aber kostspielige Bauwerk. Ab 1689 an ein Post- und Transportunternehmen. Es folgten weitere erstaunliche Verwendungen: In der Burg wurden Konserven hergestellt, sie diente als Marmeladenfabrik und Lager einer Glaserei. Am 28. Juli 1830, den »Trois Glorieuses« genannten Tagen der Revolution, wurde die Burg beschossen. Links über dem Portal steckt noch immer gut sichtbar eine Kanonenkugel in der Fassade.

1911 kaufte Paris den heruntergewirtschafteten Bau. Nach diversen Restaurierungen beherbergt er seit 1961 die »Bibliothèque Forney« für Kunsthandwerk und Technik. Der äußere Eindruck ist Mittelalter pur, innen ist wegen der vielen Umnutzungen allerdings nichts mehr authentisch. Der lauschige Garten ist öffentlich, hat mittags Sonne und blickt auf die Seine.

Adresse 1, Rue du Figuier, 75004 Paris, Tel. +33 (0)1/42781460, www.paris.fr/equipements/bibliotheque-forney-18 | **ÖPNV** Metro 1, Station Saint-Paul; Metro 7, Bus 67, Station Pont Marie | **Öffnungszeiten** Di, Fr, Sa 13–19.30 Uhr, Mi, Do 10–19.30 Uhr | **Tipp** Richtung Rue St.-Antoine liegen die mittelalterlich anmutenden Gässchen Rue du Prévot, Fontaine Eginhard und Village Saint-Paul.

16 __ Die Butte-aux-Cailles
Das Dorf der Pariser Commune

Bis 1860 war der kleine Hügel durch eine Zollmauer, die »mur des fermiers généraux«, von der Stadt Paris getrennt und gehörte zu dem eigenständigen Vorort Gentilly. Hübsche, zweistöckige Häuser ziehen sich entlang der kopfsteingepflasterten Straßen den Hang hinauf. Das hat so gar nichts von der üblichen Pariser Hektik. Wenig Lärm, kaum Autos, eine Idylle. Daher der (Irr-)Glaube, »Butte-aux-Cailles« bedeute Wachtelberg. Richtig ist: Namensgeber war der Bauer Pierre Caille, der hier ab 1540 Weinstöcke in den Sandsteinboden pflanzte.

Auf Kalk-Sandstein sowie Wasser gründete auch die Wirtschaft. Am Ufer der Bièvre – heute als Abwasserkanal gedeckelt – lagen Gerbereien und Färbereien. Der Sandstein wurde in Stollen unterirdisch abgebaut. Das war in Paris durchaus üblich, aber dieser Berg ist so ausgehöhlt, dass er größere Gebäude schlicht nicht tragen könnte. Nur deshalb blieb das Viertel so charmant dörflich. Die leeren Stollen wurden, vor der Erfindung von Kühlschränken, als Eislager für das gefrorene Wasser der Bièvre-Teiche genutzt. Der Straßenname Glacière erinnert daran.

Die Butte war Arbeitergegend. Das belegen die Ergebnisse der Wahl vom 26. März 1871, der ersten, bei der nicht nur »wohlhabende Bürger« abstimmen konnten. Berühmt wurde die Butte in den 72 Tagen der Pariser Commune, als Thiers und Mac-Mahon in der blutigen Maiwoche (21.–28. Mai 1871) die Volksregierung mit aller Gewalt niederschlugen. Auf der Butte wurde das gesamte linke Seineufer gegen die Versailler Truppen verteidigt. Zwei Tage dauerte die Schlacht von 3.500 Männern und Frauen gegen 23.000 Soldaten mit mehr als 50 Kanonen unter General Cissey. Es gab wenige Überlebende. Zu ihrem Andenken trägt der zentrale Platz des Quartiers seit 1999 den Namen Place de la Commune-de-Paris. »Le temps des cerises« heißt eine kooperative Kneipe nach der Hymne der Commune von Jean-Baptiste Clément.

Adresse Place de la Commune-de-Paris, 75013 Paris | **ÖPNV** Metro 6, Station Corvisart; Metro 5, 7, Station Place d'Italie; Bus 57, 67, Station Verlaine | **Tipp** Auf der Place Paul-Verlaine erinnert eine Plakette an den ersten bemannten Flug einer Montgolfière im Jahr 1783. Der Jugendstilbau direkt daneben ist eine der ältesten Badeanstalten von Paris mit Frei- und Hallenbad.

17 Das Café de Flore
Jean-Paul Sartre und der Nobelpreis

Der Kaffee ist gut, ebenso der Tee, die heiße Schokolade und auch der Service. Die Einrichtung Art déco pur. Fußboden, Deckenlampen oder die Wanduhr, alles gut erhalten und gepflegt. Die alte Holztreppe führt hoch zur Etage; hier ist es privater, heimelig. Aber deshalb geht im Ernst niemand ins »Flore«. Das Café ist ein Mythos – hier tanzte Juliette Gréco, spielte Boris Vian seine Trompete, schrieben und diskutierten Jean-Paul Sartre und Simone de Beauvoir. Morgens geht es bedächtig zu, man trinkt Kaffee, dazu die Tageszeitung. Über Mittag wird es hektisch, schnell und laut, und dann der Abend: ein Schauspiel. Ist das nicht die? Den kenne ich doch, oder? Der am Nebentisch, schreibt er einen Roman oder altmodisch eine Postkarte? Und das Ganze perfekt ergänzt um das Ballett der Kellner, eine Mischung aus ausgesucht höflicher Aufmerksamkeit und absoluter Gleichgültigkeit. Kein Wunder, dass eben hier Jean-Paul Sartre seine Philosophie des Existentialismus entwickelte und ihm in seinem Hauptwerk »Das Sein und das Nichts« ein *garçon de café*, also Kellner, zur Veranschaulichung seiner Gedanken dient.

Die Legende sagt, Sartre habe im »Café de Flore« den Literaturnobelpreis abgelehnt. Klingt plausibel, er und de Beauvoir haben schließlich große Teile ihrer Tage hier verbracht – Schreiben im Obergeschoss, Essen und Trinken unten –, ist aber falsch. Als Sartre am 10. Oktober 1964 verdutzten schwedischen Reportern zwischen zwei Bissen Rippchen mit Linsen mitteilte, er wolle sich nicht vereinnahmen lassen und lehne den Nobelpreis daher ab, saß er in einem anderen Restaurant. Sei's drum: Im »Flore« wurde Geschichte und Geschichten geschrieben, seit 1994 mit eigenem, renommiertem Literaturpreis.

Seinen Namen trägt das Café übrigens nicht wegen des schönen Blumenschmucks über der Terrasse, sondern weil einst auf der Straße davor eine Statue der Frühlingsgöttin gestanden haben soll.

Adresse 172, Boulevard Saint-Germain, 75006 Paris, Tel. +33 (0)1/45485526, www.cafedeflore.fr | **ÖPNV** Metro 4, Station Saint-Germain-des-Prés; Metro 10, Station Mabillon; Bus 39, 63, 95, Station Saint-Germain-des-Prés | **Öffnungszeiten** täglich 7.30–1.30 Uhr | **Tipp** Das »Deux Magots« und die »Brasserie Lipp« beanspruchen für sich, ebenso famos zu sein und ebenso erlesenes Publikum anzuziehen. Die Frage ist seit 150 Jahren hoch umstritten. Aber vielleicht ist es ja auch die »Closerie des Lilas«.

18__Die Cinémathèque
Wie die Kultur nach Bercy kam

Heute gilt Frank O. Gehry als der wichtigste amerikanische Architekt seit Frank Lloyd Wright. 1988 war das noch anders. Seine spezifische Formgebung mit kippenden Linien und in sich gedrehten Gebäuden war erst im Entstehen, sein einziges Bauwerk außerhalb der USA, in Weil am Rhein, noch im Bau. Da bekam Gehry den Auftrag, ein neues »American Center« im Stadtteil Bercy, damals noch an der Peripherie gelegen, zu bauen. Das Amerikanische Zentrum war in Paris bereits zuvor eine Institution, brachte Andy Warhol und Roy Lichtenstein erstmals nach Europa und Alan Stivell auf die Bühne. Nach sechs Jahren wurde 1994 der Neubau in Bercy eröffnet, deutlich als Gehry-Werk erkennbar: Dekonstruktivismus in Sandstein, verschachtelte, geometrische Grundformen, mehr einer Skulptur als einem Haus ähnelnd, eine fast tänzerische Leichtigkeit ausstrahlend. Aber schon zwei Jahre später ging das »American Center« pleite. Und der Bau stand leer.

1998 verfügte Kulturministerin Catherine Trautmann den Umzug der »Cinémathèque française«. Ebenfalls eine Institution. 1936 von Henri Langlois gegründet, um Filmschätze vor den Nazis zu retten, gilt sie weltweit als »Gedächtnis des Kinos«. Der französische Film ist ohne sie nicht denkbar. Truffaut, Chabrol, Godard, Rohmer, Rivette gelten als Kinder der »Cinémathèque«. Die Bestände, die von 40.000 Filmen, Drehbüchern, Plakaten bis zu Requisiten und Kameras alles umfassen, was Film betrifft, waren zuvor auf drei verschiedene Orte verteilt.

Am 28. September 2005 feierte Paris die Eröffnung der »Cinémathèque française« in Bercy. Seit 2007 ist der Filmemacher Costa-Gavras Präsident. Das wunderbare Gebäude beherbergt ein Museum, ein Café, eine umfangreiche Bibliothek, natürlich ein großes Kino und weitere Projektionssäle. Hier werden vor allem bedeutende Retrospektiven gezeigt, aber auch Filmschätze aus aller Welt konserviert und restauriert.

Adresse 51, Rue de Bercy, 75012 Paris, Tel. +33 (0)1/71193333, www.cinematheque.fr | **ÖPNV** Metro 6, 14, Station Bercy; Bus 24, 87, Station Gare de Bercy | **Öffnungszeiten** täglich 12–19 Uhr, außer Di | **Tipp** Das Kirmesmuseum (Musée des Arts Forains) und das Theater der Wunder (Théâtre du Merveilleux), beide untergebracht in den Pavillons de Bercy (Avenue des Terroirs de France), sind toll, ganz besonders in den Tagen nach Weihnachten zum »Festival du Merveilleux«.

19 Die Cité Napoléon
Eine Sozialsiedlung als Gefängnis

Mitten im Innenhof steht ein zugewachsener Springbrunnen in einem vernachlässigten Garten; drum herum ein Geviert Häuser, begehbar nur über das Tor im Vorderhaus zur Straße hin: Das ist die Cité Napoléon, die älteste Arbeitersiedlung von Paris. Gebaut 1849 bis 1852 von Marie-Gabriel Veugny, benannt nach dem Auftraggeber Louis Bonaparte (der sich 1851 zum Kaiser Napoleon III. putschen wird), sollte die Siedlung Wohnraum für die Arbeiter des nahe gelegenen Gaswerks und der Schuhfabrik Godillot schaffen, insgesamt 200 Kleinstwohnungen mit ein bis drei Zimmern. 100 Francs Miete für ein 15 Quadratmeter großes Zimmer ohne Heizung, 150 für ein beheiztes.

Die rückwärtigen Häuser sind normale Mietskasernen, das zur Straße liegende nicht: Es besteht aus zwei Riegeln, getrennt durch ein glasüberdachtes Atrium in der Längsachse des Gebäudes, das als zentrale Lichtquelle dient. Von hier führen Eisentreppen zu Laubengängen, die auf vier Stockwerken 86 Wohnungen erschließen. An den Enden der Gänge lagen früher Gemeinschaftstoiletten und -waschräume. Seinerzeit gab es selbst einen Concierge, einen Kinderhort und medizinische Versorgung.

Und es gab viel Leerstand. Auch wenn die Cité Napoléon für die Zeit ein fortschrittlicher Bau war, Arbeiterfamilien wollten nur wenige einziehen, nicht nur wegen des Preises. Sie betrachteten die Cité als Gefängnis, denn es herrschte ein drakonisches Regime. Um 22 Uhr wurde das einzige Eingangstor verschlossen, zudem wurde das Licht gelöscht. Die medizinischen Routineuntersuchungen waren kein Service, sondern Zwang und dienten vor allem, argwöhnten die Arbeiter, der »moralischen Kontrolle«. Bürger aus der Nachbarschaft wären ebenfalls unter keinen Umständen eingezogen. Es hätte sie sozial stigmatisiert. Heute ist die Cité dagegen begehrter Wohnort, auch wenn sie den Charme eines in die Jahre gekommenen Studentenwohnheims verströmt.

Adresse 58–60, Rue de Rochechouart, 75009 Paris | **ÖPNV** Metro 2, Station Anvers; Bus 85, Station Condorcet – Trudaine | **Öffnungszeiten** Innenhof und Treppen sind zugänglich | **Tipp** Ein Blick in die Hinterhöfe lohnt in den alten Arbeitervierteln im Norden und Osten der Stadt immer. Zwei besonders pittoreske Cités an der Rue Oberkampf: Cité du Figuier (Nummer 106) und Cité Durmar (Nummer 154).

20 Die Dachterrassen
Speisen mit Ausblick

Das Leben in Paris findet auf der Straße statt. Ob Sommer, Winter, Sonne oder Regen, kein Bistro ohne Außengastronomie. Deshalb ist erstaunlich, dass Dachterrassen lange eher ungewöhnlich waren. Auch große Balkone sind unüblich und werden, so vorhanden, nicht genutzt.

Seit wenigen Jahren ändert sich das. Privatleute und Firmen beginnen ihre Dächer als Freizeitorte zu gestalten und zu nutzen, Restaurants und Bars mit Aussicht entstehen. Dazu kommt ein zweiter Trend, auf gut Französisch *urban gardening* genannt: Junge Leute begannen freie Dächer zum Anbau von Obst und Gemüse zu nutzen. 2016 hat Bürgermeisterin Anne Hidalgo dann die Kampagne »Parisculteurs« ins Leben gerufen. Ziel: in nur fünf Jahren ein Drittel aller Dächer begrünen. Klingt phantastisch, könnte aber klappen. Öko ist in Frankreich kein Schimpfwort mehr. Zweitens ist die Luft so schmutzig, dass so ziemlich jeder Pariser Grünflächen zur Luftreinhaltung sofort befürwortet, erst recht wenn sie, weil auf dem Dach, keinen Platz wegnehmen. Drittens und am wichtigsten, die Produkte, die auf den Dächern wachsen, sind von sehr guter Qualität. Sie werden unterdessen tonnenweise geerntet und verkauft, gerade auch an Sterneküchen. Allein auf dem Dach des Kaufhauses »Lafayette« werden jährlich 1,5 Tonnen Erdbeeren, Himbeeren und Tomaten produziert, ohne Einsatz von Dünger und Pestiziden. Nachbarschaftliche und kommerzielle Initiativen sprießen allerorten.

Dazu entstehen Bars und Restaurants, die neben viel Sonne auch das Flair eines besonderen Ausblicks bieten. Jung und hip, aber extrem voll ist das »Perchoir Marais« (Rue de la Verrerie); teuer, aber mit Blick auf den Eiffelturm die Terrasse des »Hôtel Raphael« (Avenue Kléber). Besonders groß – mit Bar und Bistro (Eintritt), aber auch der Möglichkeit zum Sonnen oder Fotografieren – die nebeneinanderliegenden Dächer der Kaufhäuser »Printemps« und »Lafayette«.

Adresse Lafayette/Ice Cube Bar: 40, Boulevard Haussmann; Printemps, Bar 9. Stock: 64, Boulevard Haussmann, 75009 Paris | **ÖPNV** Metro 7, 9, Station Chaussée d'Antin La Fayette; Bus 21, 68, Station Haussmann – Mogador; Metro 3, 9, Station Havre – Caumartin; Bus 20, 21, 22, 27, 29, 53, 66, 81, 95, Station Havre – Haussmann | **Öffnungszeiten** täglich Mo–Sa 11–20 Uhr, So 12–18 Uhr | **Tipp** Die große und eher unbekannte Terrasse (mit kleiner Bar) auf dem Dach des »Institut du monde arabe« bietet sicher den besten Blick auf Notre-Dame und die Seine.

21 Die Docks
Grün ist die Treppe der Mode

An *le truc vert,* dem grünen Ding, scheiden sich die Geister heftig. Sicher ist: Seit der (Wieder-)Eröffnung 2012 gehört es zu den meistfotografierten Objekten von Paris – besonders nachts – und bei den Bürgern zu den umstrittensten. Die Rede ist von der »Cité de la Mode et du Design«.

Georges Morin-Goustiaux, ein eher unbekannter Architekt, entwarf 1907 für die Pariser Hafengesellschaft zwischen Seine und Gare d'Austerlitz einen Warenumschlagplatz, zugleich Lagerhaus, der per Bahn und per Schiff beschickt werden konnte. Die Docks von Paris. Ein lang gestreckter, dreistöckiger Kubus, kaum mehr als ein Stahlbetonskelett, der erste seiner Art in Frankreich. Fassaden ließ Morin-Goustiaux weg, weil nutzlos, ja hinderlich für ein Lagerhaus. Aber extrem ungewöhnlich, ein Bauskandal.

2003 erwarb die Stadt die heruntergekommene Immobilie, um sie ein Jahr später mit Gewinn an die »Caisse des Depots« weiterzureichen. Ziel: ein Leuchtturmprojekt für das Paris des 21. Jahrhunderts. Das Duo Dominique Jakob und Brendan MacFarlane gewann den Architekturwettbewerb. Sie rissen nicht ab, sondern erhielten die intakte Struktur und gaben dem Skelett ein »plug over«, einen Überzug. Ein immenser, geschwungener grüner Tubus aus Metall und Glas umschließt jetzt das Gebäude. Darin Treppen, die zu den Stockwerken führen. Manche erinnert das an eine Schlange, andere an die Wellen der Seine. Yann Kersalé erschuf die Lichtinstallation für die Skulptur. Ein Hingucker, besonders nachts. Genutzt werden die ehemaligen Docks durch die Hochschule für Mode und Design. Neben dem Lehrbetrieb ein idealer Ort für Modenschauen, Ausstellungen, Happenings. Das Museum »Arts Ludique«, Comics, Video-Games und Zeichentrick gewidmet, ist nur mäßig erfolgreich. Die begrünte Dachterrasse erfreut sich dagegen großer Beliebtheit, ebenso die verschiedenen Freiluftbars, vor allem das »Wanderlust«.

Adresse 34, Quai d'Austerlitz, 75013 Paris, Tel. +33 (0)1/76772530, www.citemodedesign.fr | **ÖPNV** Metro 6, Station Quai de la Gare; Metro 5, 10, Station Gare d'Austerlitz; Bus 61, Station Cité de la Mode et du Design | **Öffnungszeiten** täglich 10–24 Uhr | **Tipp** Der Botanische Garten lohnt zu jeder Jahreszeit den Besuch. Er bietet einen kleinen Zoo, ein wunderschönes altes Karussell und vor allem das grandiose Naturkundemuseum mit seinen vier eigenständigen Palästen. Das Ticket gilt für alle Bereiche, von der Evolutionsgalerie bis zum T-Rex. Für Kinder und Jugendliche umsonst.

22 Das Dorf
La Petite Alsace

Jean Walter (1883–1957) war ein französischer Art-déco-Architekt und Industrieller. 1912 entwarf und baute er im Auftrag einer Gesellschaft für Familienwohnen im Westen des 13. Bezirks eine Siedlung, genannt »La Petite Alsace« (Klein-Elsass).

An einem kleinen Hügel gruppieren sich um einen rechteckigen, circa 500 Quadratmeter großen Innenhof 40 kleine Stadthäuser, ursprünglich gedacht für Arbeiterfamilien von bis zu zwölf Personen. Der Haupteingang führt durch ein großes Holztor in der Rue Daviel auf den gemeinsam genutzten Hof. Der ist teils gepflastert, teils aus Sandboden und mit Bäumen, Sträuchern und Blumen bepflanzt. Vom Innenhof aus werden fast alle Häuser erschlossen – bis auf die vier an der Frontseite. Gut erkennbar ist das Ensemble durch das einheitlich hellblau gestrichene Fachwerk, die blauen Fensterrahmen und Türen und die ebenfalls einheitlich roten Ziegelblenden. Die durchgehende Dachkonstruktion für alle Häuser verstärkt den Eindruck eines mittelalterlichen Gutshofs oder eben eines kleinen Dorfes im Elsass. Das sehen auch die Bewohner so, spürbar am sehr gepflegten Zustand der Siedlung, gerade auch der gemeinschaftlich genutzten Flächen. Vor den Türen stehen Stühle und Bänke, auf den Tischen Blumen; das wirkt alles sehr freundlich und einladend. Die Bewohner öffnen ihren Hof, freuen sich aber vor allem über solche Besucher, die Rücksicht auf ihre Privatsphäre nehmen.

Vom Hof aus sieht man noch eine weitere Siedlung mit sehr spezieller Geschichte. Auf dem Dach des Parkhauses hinter der rückseitigen Front zeigt sich eine Reihe von 20 Spitzgiebeln. Eine Taxigesellschaft hat zu Beginn der 1920er Jahre auf das Dach der Garage kleine Wohnhäuser für ihre Fahrer gebaut. Bei denen handelte es sich oftmals um russischen Kleinadel, geflohen vor der Revolution 1917, weshalb die Siedlung im Volksmund auch den Namen »La Petite Russie« (Klein-Russland) trägt.

Adresse 10, Rue Daviel, 75013 Paris | **ÖPNV** Metro 6, Station Glacière oder Corvisart; Bus 21, Station Glacière – Auguste Blanqui | **Öffnungszeiten** tagsüber immer zugänglich | **Tipp** An der Porte de la Muette hat Jean Walter auf dem Gelände eines ehemaligen Forts der Thiers-Befestigungen in den Jahren 1929 bis 1931 eine Siedlung in reinem Art déco gebaut, auch hier um Höfe herum. In den Luxusappartements wohn(t)en Berühmtheiten wie Pierre Balmain, Catherine Deneuve oder Samuel Eto'o.

23 Das Dreieck
Die Place Dauphine oder das »Geschlecht von Paris«

Am schönsten wirkt die Place Dauphine, kommt man von Westen über die älteste Seinebrücke Pont Neuf durch die Rue Henri Robert. Wenige Meter über Kopfsteinpflaster, zwischen den beiden einzigen originalen Gebäuden hindurch (in der Nummer 28 lebte Robespierre), dann öffnet sich der von Bäumen gesäumte, sandbestreute Platz. Ein Traum vom Süden. Und es leuchtet ein, warum André Breton ihn der dreieckigen Form wegen mit dem weiblichen Geschlecht verglichen hat, »le sexe de paris«.

Kommt man dagegen von Notre-Dame, ein anderer Eindruck. Plötzlich und unerwartet, kaum 500 Meter von dem Hotspot des Touristentrubels entfernt: Ruhe. Keine Hektik mehr, kein Geschrei, höchstens Boulespieler und Weintrinker in kleinen Bars und Restaurants. Berühmt ist das »Monsieur Paul« auf der Südseite. Simone Signoret und Yves Montand waren Stammgäste, schon weil sie über 20 Jahre in diesem Haus wohnten.

Bis Ende des 16. Jahrhunderts war die Westspitze der Ile de la Cité der von Victor Hugo beschriebene Slum: drei versumpfte Inseln, Heimat der Bettler und Diebe, Standort des Scheiterhaufens, auf dem der letzte Großmeister des Templerordens, Jacques de Molay, verbrannt wurde. Mit dem Bau der Pont Neuf wurden die Inseln eingedeicht und zur Westspitze zusammengelegt. Achille de Harlay (1536–1616) erhielt von König Heinrich IV. den Auftrag, einen Platz zu Ehren des Thronfolgers, des Dauphin, zu schaffen. Ursprünglich war der dreieckige Platz geschlossen und einheitlich bebaut. Alle 46 Häuser (und acht Laternen, wie eine Chronik 1702 vermerkt) glichen für 250 Jahre denen in der Rue Henri Robert. Er wird häufig zu den königlichen Plätzen gezählt – zu Unrecht, da nie eine Königsstatue vorgesehen war. Die Gebäude der heute offenen Ostseite wurden 1874 vom Architekten und Denkmalpfleger Viollet-le-Duc abgerissen, um Platz für die Fassade des Justizpalastes zu gewinnen.

Adresse Place Dauphine, 75001 Paris | ÖPNV Metro 4, Station Cité; Metro 7, Bus 24, 27, 58, 67, 70, Station Pont Neuf | Tipp Die beiden anderen wahrscheinlich schönsten Plätze von Paris sind die Place des Vosges und der Jardin du Palais Royale. Obwohl beide mitten im trubeligen Zentrum liegen, sind sie doch Oasen der Ruhe. Wunderbar. Aber Achtung: Umzäunte Plätze werden in Paris abends geschlossen!

24 Die Ehrenlegion
Seit 1804 im Palais an der Seine

Friedrich III. zu Salm-Kyrburg ließ ab 1782 am linken Seineufer nach Plänen von Pierre Rousseau ein Stadtschloss als Familiensitz errichten. Der Bau bereitete finanziell wie technisch enorme Probleme, aber seine Schönheit machte ihn zum Vorbild für Thomas Jeffersons Landsitz in Charlottesville und die Kölner Villa Oppenheim. Sechs Jahre nach Baubeginn wurde das noch unfertige Schloss bezogen. Weitere sechs Jahre später, in der Terrorphase der Revolution, wurde Friedrich 1794 guillotiniert, das Palais verstaatlicht. Sein Sohn erwirkte zwar die Rückgabe, aber nur, um mit dem Verkauf die gewaltigen Schulden begleichen zu können.

Das Palais diente danach als Treffpunkt des republikanischen »Club de Salm« rund um Madame de Staël. Am 3. Mai 1804 kaufte der Graf de Lacépède, Großkanzler der zwei Jahre zuvor von Napoleon Bonaparte gegründeten Ehrenlegion, das Anwesen. Seit dem ist es im Besitz der »Légion d'honneur«, seit 1925 als Museum.

Die Ehrenlegion ist ein Verdienstorden. Er wird unabhängig von Rang, Stand oder Geschlecht an Zivilpersonen wie Militärs (und die letzte Brieftaube von Verdun) in fünf Klassen vergeben und ist der erste, mit dem nicht ausschließlich Adel und Militär ausgezeichnet werden. Großmeister ist der jeweils amtierende Staatspräsident; das Großkreuz wurde so unterschiedlichen Persönlichkeiten wie Tito, Konrad Adenauer und Willy Brandt verliehen. Großoffiziere sind Marc Chagall, Yves Saint Laurent, Claude Lanzmann, Franz-Josef Strauß und Frank-Walter Steinmeier. In der dritten Klasse der Kommandeure finden sich Marlene Dietrich, Paul Bocuse, Charles Aznavour und Karl Lagerfeld. Es folgen Offiziere und Ritter. Die Legion hat rund 100.000 Mitglieder, darunter nur 17 Prozent Frauen. Abgelehnt haben den Orden unter anderem Sartre und de Beauvoir, Camus und die Curies. Das Museum im Ostflügel des Palais zeigt kostenlos die Geschichte rund um Orden – nicht nur die der Ehrenlegion.

Adresse 2, Rue de la Légion d'honneur, 75007 Paris, Tel. +33 (0)1/40628425, www.legiondhonneur.fr | ÖPNV Metro 12, Station Solférino; RER C, Bus 24, 63, 68, 69, 73, 84, Station Musée d'Orsay | Öffnungszeiten Mi–So 13–18 Uhr, Di angemeldete Gruppen | Tipp Das gesamte Palais ist nur am dritten Septemberwochenende (Tag des offenen Denkmals) zugänglich. Man muss das Gebäude umrunden, um die raffinierte Fassade mit Rotunde und die Gärten zur Seine und den griechisch-römischen Ehrenhof zum Süden hin bewundern zu können.

25 Der Eingang
Ein Metroeingang als Kunstwerk

Weltberühmt und völlig unbekannt, so ließe sich Hector Guimard (1867–1942) beschreiben. Die Häuser des Jugendstilarchitekten erregten zwar seinerzeit Aufsehen, heute sind sie aber nur noch unter Fachleuten bekannt. Ein Nebenwerk kennt dafür fast jeder: die Eingänge der Pariser Metro.

Grün gestrichenes, geflochtenes und verschnörkeltes Eisen, dazu der Schriftzug »Metropolitain« in einer eigens entwickelten Schrifttype: jederzeit wiedererkennbar, auch in unterschiedlichen Bauformen. Für die Weltausstellung 1900 wollte Paris endlich ein leistungsfähiges Transportsystem haben und gab als sechste Stadt der Welt eine Metro in Auftrag. Die Betreibergesellschaft CMP schrieb auch die Gestaltung der Eingänge aus, lehnte aber die eingereichten Ideen als unzureichend ab. Stattdessen erhielt Hector Guimard den Auftrag. Die Eingänge sollten industriell zu fertigen und gut zu erkennen sein, dazu einladend, eher verspielt, auf keinen Fall furchteinflößend. Guimard entwarf vier Typen, zwei mit Dach, zwei ohne. CMP orderte insgesamt 380 Eingänge, von denen 86 bis heute in Benutzung sind. Der schönste und besterhaltene steht an der Porte Dauphine. Die »Typ B« genannte große Variante, mit Glasdach und bemalter Seitenverkleidung, ist die letzte dieser Art. Ein zeitgenössischer Kritiker verglich sie mit einer Libelle. Vom etwas kleineren »Typ A« mit Dach, aber ohne Seitenwände, sind zwei Stationen erhalten: Abesses und Châtelet. Die gebogenen Lampen an den offenen Eingängen dienten der Orientierung und stammen ebenfalls von Guimard.

Anders die Kugellampen auf einem geraden Mast mit roter Aufschrift »Metro«: Die ersten (verzierten) wurden 1909 aufgestellt, aus den 1930ern stammt eine schlichte Art-déco-Version von Adolphe Dervaux.

Bis in die 1960er Jahre wurden viele der Eingänge abgerissen, da man sie hässlich fand. Die noch verbliebenen gelten heute als das Stadtbild prägend.

Adresse Porte Dauphine (Avenue Foch), 75016 Paris | **ÖPNV** Metro 2, Station Porte Dauphine; RER C, Station Avenue Foch | **Tipp** Im 16. Arrondissement stehen vier Häuser von Guimard: sein Erstling, das Castel Béranger, in der Rue Jean de la Fontaine 14, in derselben Straße der Block Nummer 17–21 und das »Hôtel Mezzara« (Nummer 60) und schließlich das »Hôtel Guimard« in der Avenue Mozart (Nummer 122).

26 Der Erker
Das ist selbst in Paris einmalig

Die Rue de Vaugirard ist Pariser Bürgern ein Begriff, liegen an ihr doch ein paar der wichtigsten Gebäude Frankreichs. Sie beginnt vor der Sorbonne, führt vorbei an Odéon und Senat und der katholischen Uni, La Catho sowie dem Bahnhof Montparnasse. Dass die Vaugirard zudem mit 4.360 innerstädtischen Metern auch die längste Straße von Paris ist, wissen nur wenige. Sie durchquert zwei Arrondissements (6. und 15.) und endet erst vor der Messe an der Porte de Versailles. Unterwegs gibt es viel zu entdecken. Zum Beispiel das Haus Nummer 95.

1890 beantragte der Architekt Ferdinand Glaize den Neubau eines Hauses auf dem Grundstück. Den vorherigen Bau hatte er abreißen lassen, um stattdessen ein Renditeobjekt als Einnahmequelle zu errichten. Glaize bekam die Genehmigung und baute ein sechsstöckiges Mietshaus aus Sandstein und Klinker, allerdings alles andere als 08/15-Standard. Der viereckige Bau ist asymmetrisch. Die Eingangstür im dritten Zug wird von einer halbrunden Jugendstil-Markise geschützt. Darüber dann der wohl ungewöhnlichste und zugleich eleganteste Erker von Paris: ein halber Zylinder aus Keramikfliesen, Glas und Metall, vier Stockwerke hoch und flaschengrün, immer abwechselnd ein Keramikband und achteckige Fensterverglasung. Ein einzigartiger Effekt, der dem Gebäude einen spannungsreichen Kontrast verleiht. Die Keramikbänder haben unterschiedliche Grüntöne und auch Muster; der Runderker des ersten Stocks ist etwas kleiner als die darüber liegenden drei, in der fünften Etage wird der Erker dann zum unverglasten Balkon. Die Fassade wurde in mehreren Architekturzeitschriften als beispielgebend vorgestellt, aber nie kopiert.

Paris bietet eine ganze Reihe von prächtigen Keramikfassaden. Nicht nur großbürgerliche Häuser wurden so verziert. Auch schöne Erker sind nicht selten, aber die Kombination von Keramik und zylindrischem Erker ist einzigartig.

Adresse 95, Rue de Vaugirard, 75006 Paris | ÖPNV Metro 4, Station Saint-Placide; Metro 12, Station Falguière, Metro 10, 13, Station Duroc, Bus 28, 82, 89, 92, Station Maine – Vaugirard | Tipp Besonders dekorative Fassaden finden sich an der Rue Réaumur zwischen Sébastopol und Bourse, von der neogotischen Cathédrale (Nummer 61) bis zur stählernen Industriearchitektur der Textil- und Pressehäuser (Nummer 116–134).

27 Das Experiment
Neues Wohnen vor der Stadt

Die kleine Gemeinde Noisy-le-Sec ist ein Vorort mit 43.000 Einwohnern, und sie birgt ein Geheimnis: die »Cité expérimentale de Merlan«. Noisy gehört zu Bobigny im Département Seine-Saint-Denis, ist aber bequem im Pariser Bahn-Verbundnetz RER erreichbar oder auch per Fahrrad auf breiten Radwegen entlang des Canal de l'Ourcq.

Das Ministerium für Wiederaufbau und Stadtplanung ließ in Noisy zwischen 1945 und 1952 eine Versuchsstadt bauen, um schnelle und kostengünstige Bauweisen zu testen. Das 6,5 Hektar kleine Viertel sollte viel Grün- und Nutzfläche bieten und dabei verkehrstechnisch gut an die Stadt angebunden sein. Vorgabe war: geringer Energie- und Materialverbrauch, teilweise Fertigbau, nur ein Fünftel der Grundstücke durfte bebaut sein. Es musste ausreichend Platz bleiben für Gärten, Anbauflächen, Hühner- und Kaninchenställe. 55 sehr unterschiedliche Häuser wurden errichtet, zwölf Doppel- und 43 Einfamilienhäuser, nach Bauplänen aus sieben Ländern (USA, Kanada, Schweiz, Schweden, Finnland, England und Frankreich). Das Ergebnis erinnert nicht zufällig an norddeutsche Wiederaufnahmelager: ein bisschen Bauhaussiedlung Dessau-Törten, ein bisschen Nissenhütten, ein bisschen Friedland. Allerdings: In Noisy sind zwei Drittel der Fläche wirklich grün. Von der Hauptachse, der Straße Général Leclerc, gehen auf jeder Seite zwei befahrbare Straßen ab, aber auch reine Fußwege zu zwei innen liegenden Parks. Die Gebäude selbst waren einfach und klein (zwischen 60 und 120 Quadratmeter) und darauf ausgerichtet, für ausgebombte Familien schnell Wohnraum zu schaffen.

Auch wenn das ganze Ensemble heute unter Denkmalschutz steht, haben die Bewohner natürlich im Laufe der Jahre ihre Häuser geänderten Bedürfnissen und Möglichkeiten angepasst. Die Struktur einer Gartenstadt ist erhalten, aber bei den meisten Gebäuden muss man mehrfach hinschauen, um ihre Herkunft zu erkennen.

Adresse Cité expérimentale de Merlan, 93130 Noisy-le-Sec | ÖPNV RER E, Station Gare de Noisy-le-Sec | Tipp Die Strecke per Rad oder E-Bike führt vom Park de la Villette knapp acht Kilometer am Kanal entlang und auf der rechten Uferseite des Chemin de Halage durch den Hafen von Pantin. Vorbei an den alten Getreidespeichern der »Grands Moulins« und auch an ein paar »Guinguettes«, netten Restaurants für den kleinen Hunger oder Durst.

28 Die Fachwerkhäuser
Die letzten ihrer Art

Eigentlich dürfte es sie gar nicht geben, die beiden Fachwerkhäuser im Herzen des alten Paris, in der Rue François Miron. Jedenfalls nicht so, wie sie heute aussehen. König Heinrich IV. hatte 1607 per Edikt den Bau mit Fachwerk aus Brandschutzgründen verboten. Auch der Spitzgiebel der Nummer 13 war wegen seines Überstandes streng verboten. Weil anderes Baumaterial ebenso fehlte wie andere Bautechniken, verwendete man trotzdem weiter Holz, nur wurde es dick verputzt. Erst in jüngster Zeit werden die alten Fachwerkbalken im Inneren der Gebäude aus dekorativen Gründen wieder freigelegt.

Dieser Teil des Marais gehört zum Ältesten, was in Paris erhalten ist, dank Kulturminister André Malraux. Er stellte das Gesamtensemble des Quartiers 1962 unter Denkmalschutz, auch wenn nicht jedes einzelne Haus die Kriterien erfüllte. Der Straßenverlauf der François Miron folgt dem alten römischen Stadtplan. Im frühen Mittelalter war das Viertel von Klöstern geprägt, deren Keller zum Teil erhalten sind.

Die Plaketten an den beiden Fachwerkgebäuden weisen sie aus als Haus des Sensenmanns (Faucheur) und des Schafbocks (Mouton). Im Mittelalter gab es keine Hausnummern, Gebäude wurden nach ihren Besitzern oder dem Gewerbe im Erdgeschoss benannt. Die Namen beider Häuser sind authentisch, die Plaketten allerdings irreführend. Nur die Erdgeschosse aus Stein und die Keller stammen tatsächlich aus dem 14. Jahrhundert, die Fachwerkaufbauten sind dagegen erst im 16. Jahrhundert hinzugekommen. Ihr heutiges Erscheinungsbild erhielten beide sogar erst 1970. Bei einer Sanierung wurde das Fachwerk freigelegt, und das Haus des Sensenmannes bekam ein um 90 Grad gedrehtes, »auf alt gemachtes« Dach. Gleichwohl handelt es sich um zwei der ältesten Zeitzeugnisse der Stadt. Ein bisschen windschief, aber schön. Ein ähnliches Bauwerk findet sich in der Rue Volta 3, fälschlich lange für das älteste von Paris gehalten.

Adresse 11 und 13, Rue François Miron, 75004 Paris | **ÖPNV** Metro 1, Station Saint-Paul; Bus 69, 76, 96, Station Rue Vieille du Temple | **Öffnungszeiten** nur von außen zu besichtigen | **Tipp** Der rührige Geschichtsverein »Paris Historique« sitzt schräg gegenüber im Maison d'Ourscamp (44–46). Hier kann man viel Kluges über das Viertel und seine Gebäude erfahren und zudem den mittelalterlichen Keller und einen Fachwerk-Patio bewundern.

29 Die Fassade

Lichtspiele im »Institut du monde arabe«

Das Glasschiff am linken Seineufer blickt auf eine über 30-jährige, erfolgreiche Geschichte zurück. Das war nicht voraussehbar, so viele Kontroversen hat das Bauwerk bei seiner Entstehung ausgelöst.

Nachdem bereits 1974 die Idee eines Kulturzentrums entstanden war, gründete Präsident Giscard d'Estaing 1980 mit den damals 19 Staaten der Arabischen Liga das »Institut der arabischen Welt« (IMA). Ziel: mehr Verständnis zwischen den Kulturen. Politisch war das hoch umstritten, in Frankreich wie in der arabischen Welt. Auch die Finanzen für Bau und laufenden Betrieb des Instituts sorgten für Diskussionen. Frankreich und die Stadt Paris stritten zudem um den Bauplatz. 1987 gelang unter Präsident Mitterrand und Kulturminister Jack Lang (seit 2013 Präsident des IMA) endlich der Durchbruch. In nur einem Jahr: neue Konzeption, neuer Standort, neues Architektenteam um Jean Nouvel, komplette Fertigstellung. Und was für ein Bau! Er erregte Aufsehen vom ersten Tag an. Die vordere Kante so spitz und scharf, dass man sich daran schneiden könnte. In der Glasfassade zur Seine spiegelt sich das alte Paris. Und dann die Südfassade, so etwas hatte die Welt noch nicht gesehen: 2.000 Quadratmeter Fläche, eingeteilt in 240 quadratische Paneele mit je 73 Irisblenden in verschiedenen Größen und Formen. Das erinnert an die Fenstergitter arabischer Moscheen, sogenannte »Maschrabyyie«. Sinn und Effekt erschließen sich voll und ganz aber erst im Inneren: Da die Blenden sich je nach Lichteinfall öffnen und schließen, werfen sie Schattenmuster auf Wände und Böden und erzeugen so klassisch arabische Ornamente. Umwerfend, einzigartig. 2017 startete eine Generalüberholung der Mechanik. Ziel ist, alle Blenden einzeln ansteuern zu können, je nach Bedürfnis der Nutzer der Räume dahinter.

Jean Nouvel ist heute ein Topstar der Architekturszene. Den Durchbruch schaffte er mit eben diesem Bauwerk.

Adresse 1, Rue des Fossés Saint-Bernard, 75005 Paris, Tel. +33 (0)1/40513838, www.imarabe.org | ÖPNV Metro 7, Station Jussieu; Metro 10, Station Cardinal Lemoine; Bus 24, 63, 89, Station Université Paris VI; Bus 67, 86, 87, Station Pont Sully | Öffnungszeiten täglich 10–18 Uhr, Do, Sa, So bis 19 Uhr | Tipp Seit 1786 steht die »Gloriette de Buffon«, ein runder Pavillon und eine der ältesten Metallkonstruktionen der Welt, im Jardin des Plantes (40, Rue Geoffroy Saint-Hilaire). Hier trafen sich einst Adlige und Bourgeoisie, anonym und kostümiert, zu Wein und Diskussion, Tanz und Sonstigem.

30 Die Feminismusbücherei
Die Bibliothèque Marguerite Durand

Am 16. Juni 1859 setzte Napoleon III. seinen Traum von Großparis um, indem er die *faubourgs* (Vororte) eingemeindete. Paris wuchs bis an die Thiers'sche Ringmauer. Aus zwölf Arrondissements wurden 20. Nur Nummer 13 wollte niemand werden. »Im 13. geheiratet zu haben« war ein Synonym für wilde Ehe, im 13. geboren zu sein für uneheliche Bastarde. Ein bisschen erinnert der Arbeiterbezirk im Südosten auch an eine Promenadenmischung: verschlafene, dörfliche Strukturen neben dem ersten »Wolkenkratzer« (Rue Croulebarbe 33), die Gobelin-Manufaktur aus dem Jahr 1607 grenzt an China-Town im stillgelegten Bahnhof und die breite Schneise der 70er-Jahre-Bauten zu beiden Seiten der Rue Tolbiac. Hier knallen Kulturen aufeinander. Manche finden das abstoßend, andere schätzen die kreative Spannung im Quartier.

An der Tolbiac, gegenüber dem für die Architektur der 1970er emblematischen Triple-Turm »Centre Pierre-Mendès-France«, steht das gläserne Oval der »Bibliothek Marguerite Durand«, das Forschungszentrum zur Emanzipation der Frau. Marguerite Durand, Schauspielerin und Mitglied der »Comédie-Française«, wurde als Journalistin zur berühmtesten Suffragette und Vorkämpferin der Emanzipation. Als sie 1896 für den »Figaro« einen Spottartikel über den internationalen Frauenkongress schreiben sollte, weigerte sie sich, Frauen zu veralbern, wurde dafür gekündigt und gründete kurzerhand die feministische Tageszeitung »La Fronde«. Durand nutzte den Zugang zu höchsten gesellschaftlichen Kreisen und ihr Schauspieltalent, um die Frauenbewegung voranzubringen. Und sie gönnte sich die Exzentrik, überhebliche Männer von ihrem zahmen Löwen einschüchtern zu lassen. Sie war kluge Analytikerin und Organisatorin, in ihrer Bedeutung vergleichbar mit Clara Zetkin, Anita Augspurg und Alexandra Kollontai. Ihre Sammlung von Zeitungen, die sie 1931 dem Staat stiftete, bildet den Grundstock des Zentrums.

Adresse 79, Rue Nationale, 75013 Paris, Tel. +33 (0)1/53827677, www.bmd@paris.fr |
ÖPNV Metro 14, Bus 62, 64, 83, Station Olympiades | **Öffnungszeiten** ab Jan. 2020 (voraussichtlich) täglich 9–18 Uhr | **Tipp** Sehr schöne Gebäude und zudem spannende Ausstellungen bieten die benachbarten »Galeries« und die »Manufacture des Gobelins« sowie das dazugehörige Familienschloss »Reine Blanche«.

31 Das Fort
Die Stadtbefestigung mit zweifelhaftem Zweck

Ministerpräsident Adolphe Thiers erhielt von »Bürgerkönig« Louis-Philippe 1840 den Auftrag, einen neuen Verteidigungsring für Paris anzulegen. 16 vorgelagerte Forts wurden ausgebaut oder neu geschaffen. Dahinter ein Hauptwall samt Graben, 34 Kilometer lang, zehn Meter hoch. Schon bei seiner Entstehung war der Wall ein Anachronismus, militärisch sinnlos, wie sich im Krieg 1870/71 zeigen sollte. Die Befestigung hatte Preußens Armee nichts entgegenzusetzen. Vehement bestritt Thiers den Verdacht, der Verteidigungsring richte sich in erster Linie nach innen, genauer gegen die Arbeiterviertel von Paris. Allerdings wurde in den Tagen der »Commune« aus den Forts die eigene Bevölkerung beschossen und der Sturm auf Paris gelenkt.

Zwischen Wall und Stadt lagen zunächst Dörfer und Felder, kaum besiedeltes Gebiet, das aber 1860 in die Stadt eingemeindet wurde. Der Hauptwall wurde 1929 nahezu vollständig abgetragen, ist aber bis heute gut zu erkennen: Der Verlauf ist identisch mit der Stadtautobahn, der »Périphérique«. Die markiert im Wesentlichen auch die nach wie vor gültige Verwaltungsgrenze der Stadt Paris *intra muros*.

Die 16 Forts werden noch immer von Militär und Gendarmerie genutzt, weshalb sie nicht zu besichtigen sind. Zwei Ausnahmen gibt es: die Gedenkstätte Mont Valérien und Schloss Vincennes, das durch eine gemeinsame Wallmauer mit dem Fort Neuf verbunden ist. Besonders der Donjon, ein königlicher Wehr- und Wohnturm aus dem Jahr 1361 (mit 52 Metern der höchste in Frankreich), ist als Teil der Verteidigungsanlage zu erkennen. Donjon, Heilige Kapelle und große Teile der Festungsanlage wurden kürzlich im gemeinsamen Auftrag von Kultur- und Verteidigungsministerium aufwendig renoviert. Die beiden Pavillons von König und Königin sind noch nicht fertig. Das Schloss war 1940 Sitz des französischen Generalstabs bei der Verteidigung gegen die deutsche Wehrmacht.

Adresse 1, Avenue de Paris, 94300 Vincennes, Tel. +33 (0)1/48083120, www.chateau-de-vincennes.fr | **ÖPNV** Metro 1, Bus 46, 56, 86, Station Château de Vincennes; RER A, Station Vincennes | **Öffnungszeiten** täglich 10–18 Uhr, 23. Sept.–20. März 10–17 Uhr, Achtung: Die Heilige Kapelle ist nur von 10.30–13 und 14–17.30 Uhr geöffnet. | **Tipp** Für jugendliche EU-Bürger (unter 26, zuweilen 18) ist der Eintritt hier, wie in fast allen staatlichen Museen, kostenlos. Für Personen über 60 gibt es reduzierte Tarife, an jedem 1. Sonntag im Monat generell freier Eintritt.

32 Das Freimaurerhaus
Frauen sind zugelassen im »Grand Orient«

Der »Grand Orient« ist die älteste Freimaurerloge auf dem europäischen Kontinent, eine Großloge mit 1.200 Einzellogen und über 50.000 Mitgliedern. Eingeschworen sind sie auf Freiheit, Gleichheit und Brüderlichkeit – genau wie die Republik. Viele berühmte Franzosen waren Freimaurer – Victor Schœlcher, der den Sklavenhandel abschaffte, Premierminister Léon Gambetta, der für die Anerkennung der Gewerkschaften stritt, Jules Ferry, der kostenlose Schulpflicht und laizistischen Unterricht einführte. Anders als in Großbritannien oder den USA, wo Freimaurerei fester Bestandteil des Establishments ist, hat sie in Frankreich diese Bedeutung nicht. Ihr angeblich enormer Einfluss auf die Politik ist vielen Franzosen eher suspekt, und das, obwohl die Ideale der Revolution, die Grundfesten der Republik und die Freimaurerei untrennbar miteinander verwoben sind – auch der Dichter der »Marseillaise« war *franc-maçon*, also Freimaurer.

Insgesamt gelten die französischen Logen als links, der Aufklärung und dem Humanismus verpflichtet; soziales Engagement wird erwartet, aber ausdrücklich kein Gottesbekenntnis. Trotzdem werden sie häufig als Schattennetzwerk betrachtet, als geheime Elite mit Verschwörungsabsichten. Da wirkt nicht nur die italienische P2 und deren Unterwanderung des Staates nach, windige Geschäftemacher in französischen Logen stützen Vorurteile ebenso wie die allgemeine Geheimniskrämerei der Freimaurer.

Letzterem will der »Grand Orient« entgegenwirken. Zu Beginn der 2000er Jahre verordnete er sich Offenheit gegenüber der »säkularen Welt«, sein Hauptsitz in der Rue Cadet beherbergt daher nicht nur 23 Tempel, sondern auch ein Museum. Das kann täglich besichtigt werden, bei geführten Touren auch die Tempel. Vor wenigen Jahren haben die Logenbrüder sogar die Gleichberechtigung neu entdeckt: Seit 2010 können auch Frauen beitreten. Die zuvor strenge Trennung in Frauen- und Männerlogen ist aufgehoben.

Adresse 16, Rue Cadet, 75009 Paris, Tel. +33 (0)1/45237409, www.museefm.org | **ÖPNV** Metro 7, Tram 7, Bus 26, 32, 42, 43, 45, 48, Station Cadet; Metro 8, 9, Station Grands Boulevards | **Öffnungszeiten** Di–Fr, So 10–12.30 und 14–18 Uhr; Sa 10–13 und 14–19 Uhr | **Tipp** In der Rue Richer liegt seit 1869 eines der weltweit berühmtesten Theater: die »Folies Bergère«. Die Fassade, frisch renoviert, reines Art déco, geschaffen von Maurice Pico, das Foyer ein Traum in Blau-Gold, der Saal etwas abgerockt, aber mit Flair. Der Ort, an dem Josephine Baker im Bananenröckchen Paris verzückte.

33 Der Friedhof
In Picpus ruhen über 1.300 Opfer der Guillotine

Picpus ist kein bekannter Teil von Paris, Touristen sind rar. Soll man das Viertel dafür bedauern oder beglückwünschen? Eine Geschmacksfrage. Zu sehen gibt es in Picpus jedenfalls so einiges, so den einzigen privaten Friedhof von Paris.

Ein großes, meist geschlossenes Tor in einer Mauer, typisch Paris. Kaum Anzeichen, was sich dahinter verbirgt, nur eine Plakette. Hinter dem Tor ein gekiester Hof, unerwartet groß, rechts die protestantisch schlichte Kapelle Notre-Dame-de-la-Paix. Daneben führt der Weg in einen tiefen Garten. Rosensträucher, eine alte Weidenallee, am äußersten Ende ein Holztor in die Mauer gebrochen. Durch dieses Tor wurden 1.306 Menschen gekarrt, um hier in zwei Massengräbern verscharrt zu werden, die abgeschlagenen Köpfe als Füllmasse zwischen die Körper geworfen. 1.109 Männer und 197 Frauen, Opfer der Guillotine. Die stand in der dritten Phase des »Grande Terreur« auf der Place du Trône-Renversé, heute l'Île de Réunion, direkt neben der Place de Nation. Allesamt geköpft in nur sechs Wochen vom 14. Juni bis zum 27. Juli 1794. Der letzte Tag vor der Hinrichtung des Maximilien de Robespierre, die das Ende der Schreckensherrschaft markiert. Ein drittes, bereits ausgewiesenes Massengrab wurde nicht mehr benutzt. Die Mehrheit der Toten sind »normale Bürger«, dazu Militärs, Geistliche, 159 Adelige. Darunter auch große Namen: Beauharnais, Montmorency, de Noialles, Montagu, der berühmte General der amerikanischen Unabhängigkeitskriege La Fayette, Friedrich zu Salm-Kyrburg, Friedrich von Trenck.

1797 kaufte Amalie von Hohenzollern heimlich ein Teil des Geländes, 1802 die Marquise von Montagu den Rest. Der Friedhof entstand, seitdem verwaltet von einem Stiftungsrat. Ausschließlich Angehörige der 1.306 Opfer der Guillotine genießen das Privileg, hier beerdigt zu werden. Ihre Namen sind auf zwei große Tafeln im Kreuzgewölbe der Kirche graviert.

Adresse 35, Rue du Picpus, 75012 Paris, Tel. +33 (0)1/43441854 | **ÖPNV** Metro 1, Station Nation; Metro 6, Station Picpus; Bus 29, Station Hôpital Rothschild | **Öffnungszeiten** Mo–Sa 14–18 Uhr; im Winter nur bis 16 Uhr | **Tipp** Über der Grabstelle für Lafayette weht permanent die Flagge der USA. Sie wird an jedem 4. Juli vom amtierenden US-Botschafter in einer feierlichen Prozedur erneuert. Die Massengräber sind durch ein Eisentor zu sehen. Dieser Bereich des Friedhofs kann ausschließlich im Rahmen geführter Touren betreten werden.

34_Der Fußgänger-Highway
Eine Bahnstrecke als Park

Paris ist die am dichtesten besiedelte Stadt Europas. Platzmangel und Enge waren schon Thema für Victor Hugo, Balzac und Dumas. Aber bisweilen macht Not erfinderisch. Zu den schönsten Umwidmungen von Bauwerken gehören die alten Bahnstrecken des »Coulée verte« und des »Chemin de fer de la Petite ceinture«.

Mitte der 1930er Jahre wurden große Teile der Verbindungslinien zwischen den Kopfbahnhöfen nicht mehr gebraucht und nach und nach stillgelegt. Güter wurden noch transportiert, die Menschen dagegen stiegen auf Auto und Metro um. Die Zäsur hin zu einer neuen Verwendung markierte der Abriss der Gare de Bastille 1984 zugunsten der neuen Oper. Der letzte Streckenabschnitt von 1,3 Kilometern zum Bahnhof hin verlief auf einem zehn Meter hohen Viadukt aus rotem Backstein. Dessen 64 Gewölbe ließ die Stadt als Gewerberäume für Kunsthandwerker und Galerien instand setzen und erhalten. Nur die Gleise darüber wurden entfernt. Weltweit erstmals entstand dabei die Idee, die Gleisanlagen in ein innerstädtisches Naherholungsgebiet umzugestalten. Ab 1993 wurde das Projekt umgesetzt: mitten in einer Steinwüste ein 4,7 Kilometer langer Parkwanderweg hoch über der Stadt. Gartenbauarchitekten legten ihn an: mit Bäumen, Rosen, Bambushainen, mit Wasserläufen, Sitzbänken und Sportanlagen. Der Weg beginnt direkt hinter der Oper Bastille und führt fast bis in den Park von Vincennes. Er überquert Straßen und verbindet Parks, und in fast zehn Meter Höhe hört man den sonst allgegenwärtigen Lärm der Stadt nicht. Als Zugabe bietet der »Coulée verte« Einblicke in die ansonsten selten sichtbare Baustruktur von Paris, in Hinterhöfe und auf Dachgärten, in Gassen und Passerellen. An einer Stelle durchschneidet der Weg sogar ein Wohnhaus.

Das Projekt ist beispielgebend und hat weltweit Nachahmer gefunden, so entstand unter anderem die High Line über den Straßen der New Yorker West Side.

Adresse 1, Coulée Verte René-Dumont, 75012 Paris | **ÖPNV** Metro 1, 5, 8, Bus 20, 29, 65, 87, 91, Station Bastille | **Öffnungszeiten** täglich 7.30–20.30 Uhr | **Tipp** Die alten Bahnhöfe der Ringbahn »Petite ceinture« sind nicht nur für Eisenbahnfans eine Augenweide. Auch an der Place Balard im 15. Arrondissement ist ein Stück der Strecke öffentlicher Park. Außerdem im 16. an der Porte d'Auteuil, im 12. an der Rue Rottenbourg und im 13. am Park Charles Trenet.

35 Die Galerie
Einkaufen und spazieren unter dem Glasdach

Wer die kurzen, aber bisweilen heftig verregneten Pariser Winter kennt, der weiß, warum ausgerechnet hier 1798 die Mode überdachter Passagen entstand. Mann und Frau können im Trockenen von Geschäft zu Geschäft flanieren, einen *café* und eine *buche* nehmen, sehen und gesehen werden. Keine Hektik, kein Lärm, kein Dreck. Von den über 100 Passagen und Galerien, die es einmal waren, sind noch gut zwei Dutzend in Betrieb, manche mondän und luxuriös, andere schon längere Zeit wenig beachtet und heruntergekommen. Manchmal erscheint unerwartet ein Mäzen, und eine verlassen geglaubte Galerie erwacht wieder zum Leben. Viele Pariser glauben die absolut schönste Galerie zu kennen, doch das bleibt am Ende Geschmackssache.

Die »Passage du Grand Cerf« (Zum großen Hirschen) ist in jedem Fall die höchste. Die filigrane Dachkonstruktion aus Stahl und Glas lässt enorm viel Licht in die zweistöckige Geschäftsstraße. 1845 in zwölf Meter Höhe eingezogen, schützt sie seitdem Kunden und Händler in der bereits 20 Jahre zuvor im Auftrag des Bankhauses Devaux-Moisson angelegten Passarelle. Verspiegeltes Glas im ersten Stock verstärkt den luftigen Eindruck. Trotzdem: Die Einnahmen der Geschäfte sanken schon sehr bald nach der Eröffnung deutlich. Grund sei der schlechte Bauzustand der Galerie, hieß es damals. Tatsächlich erlebte das ganze 2. Arrondissement einen Niedergang. Das Viertel im Zentrum von Paris verarmte; das Geld zog Richtung Norden und Westen ins 1. und 8.

1989 wurde die Passage von Grund auf renoviert. Auf 120 Metern strahlt der neoklassizistische Bau wieder, und auch der große Hirschkopf hängt im Eingangsbereich. Und doch: Erst seit das Viertel auch drum herum wieder Fahrt aufnimmt, jung und unternehmungslustig ist, lebt und blüht auch die Galerie wieder. Die »Passage Bourg-L'Abbé« ist die schlichtere Verlängerung über die Rue Saint-Denis hinaus.

Adresse 145, Rue Saint-Denis, 75002 Paris | **ÖPNV** Metro 3, Station Réaumur-Sebastopol; Metro 4, Station Étienne Marcel; Bus 29, 38, 47, Station Turbigo – Étienne Marcel | **Öffnungszeiten** täglich 8.30 – 20.30 Uhr, außer So | **Tipp** Einige der nobelsten Passagen liegen fußläufig beieinander. Von der »Galerie Vero-Dodat« über die »Galerie Vivienne« und die »Galerie Colbert« (die einzige ohne Geschäfte) bis zur »Passage de Choiseul« sind es gerade einmal 950 Meter.

36 Die Gasse
Von einer Glocke und der Guillotine

Kaum 150 Meter lang und vier Meter breit: der »Cour du Commerce Saint-André«. Solche Höfe oder Gassen, auf beiden Seiten gesäumt von Ladenlokalen, waren im 18. Jahrhundert als Vorläufer heutiger Shopping-Malls beliebt. Es gab sie in fast allen Stadtvierteln. Die wenigsten allerdings bestehen bis heute, und keine andere ist derart geschichtsträchtig.

Von dieser Gasse aus – 1730 als Verbindungsweg über Höfe angelegt – wurde die Weltgeschichte verändert. Im »Procope«, dem ältesten durchgängig betriebenen Restaurant der Stadt (seit 1686), trafen sich Voltaire und Diderot, Rousseau und Montesquieu. Später dann die »Gesellschaft der Menschenrechte und der Bürger« um Danton, Marat und Desmoulins. Auch die Jakobiner um Robespierre hatten in der Gasse einen Treffpunkt. Kein Wunder: Danton bewohnte von 1789 bis zu seiner Hinrichtung 1794 eine riesige Siebenzimmerwohnung, in etwa dort, wo heute seine Statue auf dem Boulevard steht – die Gasse war damals länger, reichte bis zur Rue de l'École de Médicine. Marat betrieb seine Zeitung, den »L'Ami du Peuple«, von 1793 an aus dem Haus Nummer 8. Hier lag der schwer hautkranke Mann in seiner Wanne und läutete eine Glocke, wann immer er eine neue Ausgabe fertiggestellt hatte und sie zum Druck abgeholt werden sollte. Die Glocke hing noch lange über dem Hintereingang des »Procope«.

Im Haus Nummer 9 betrieb der Tischler und Cembalo-Bauer Tobias Schmidt seine Werkstatt. Der bekam Anfang 1792 von einem Arzt der nahen Medizinfakultät den Auftrag, eine Maschine nach seinen Plänen zu bauen. Viele Menschen versuchen verzweifelt, ihren Namen in die Geschichtsbücher hineinzuschreiben. Joseph-Ignace Guillotin dagegen hat zeit seines Lebens dafür gekämpft, den seinen nicht im Zusammenhang mit der Maschine verwendet zu wissen, die seinen Namen trägt. An Schafen hat man sie seinerzeit in der Gasse ausprobiert.

Adresse Cour du Commerce Saint-André, 75006 Paris | **ÖPNV** Metro 4, 10, Bus 58, 63, 70, 86, 87, 96, Station Odéon | **Tipp** Im Restaurant »Un Dimanche à Paris« kann man Teile der ältesten Stadtmauer von Paris aus dem 12. Jahrhundert sehen. Über die Rue du Jardinet gelangt man in den Cour du Rohan, den ehemaligen zweiten Schenkel der Gasse, heute gehobene Wohnanlage.

37 Das Gedächtnis
Das Meisterstück von Viollet-le-Duc

Im Palais de Chaillot verbirgt sich ein Schatz, dessen Bedeutung vielen erst nach dem Brand von Notre-Dame im April 2019 klar geworden ist: das Museum für Architektur und Kulturerbe, Frankreichs architektonisches Gedächtnis. Präsident Macrons ambitioniertes Ziel, die Kathedrale in nur fünf Jahren wiederaufzubauen, ist, wenn überhaupt, nur erreichbar, weil hier die notwendigen Vorarbeiten für einen solchen Notfall existieren.

Eugène Viollet-le-Duc (1814–1879) gilt als einer der großen Architekten. Er war nie Generalinspekteur der historischen Denkmäler, aber sehr wohl verantwortlich für die Renovierung vieler mittelalterlicher Bauwerke, vom Justizpalast und der Place Dauphine bis Notre-Dame de Paris, vom Mont St. Michel bis zur Altstadt von Carcassonne. Auf seine Initiative wurden landesweit Abgüsse und Zeichnungen von allen historischen Monumenten erstellt und gesammelt – vor der Erfindung der Fotografie *die* Möglichkeit der Dokumentation. Viollet-le-Duc zeichnete Grundrisse, Details und Aufrisse der Restaurierungsobjekte. Seine Studien zur Bautechnik sind bis heute Lehrstoff für Architekten. All das und noch vieles mehr kann man in der »Cité de l'architecture et du patrimoine« bewundern. Und schon vor dem Brand konnte man in einer Computersimulation oder mit Holzklötzen die Statik von Notre-Dame prüfen. Gipsabdrücke in Originalgröße von Kathedralen aus ganz Frankreich, ob romanisch oder gotisch, lassen sich bewundern. Dazu Statuen, Wasserspeier, Modelle, Glasfenster, aber auch moderne Architektur. Nicht nur für (angehende) Architekten ein Muss.

Viollet-le-Duc war Verfechter des Historismus, was ihn nicht davon abhielt, heftige Veränderungen an den Bauten vorzunehmen. Den eingestürzten *flèche* (Spitzturm) hat er Notre-Dame verpasst. Der war keineswegs original. Über seine Bedeutung als Architekt mag man streiten, über dieses Museum nicht.

Adresse 1, Place du Trocadéro, 75116 Paris, Tel. +33 (0)1/58515200, www.citedelarchitecture.fr | **ÖPNV** Metro 6, 9, Bus 22, 30, 32, 63, Station Trocadéro | **Öffnungszeiten** Di–So 11–19 Uhr, Do bis 21 Uhr | **Tipp** Der Boulevard Vincent Auriol und seine Nebenstraßen sind berühmt für Street Art, genauer große Wandbilder, sogenannte *murals*. Hausnummern: 81, 85, 91, 131, 141. Gehen Sie auf Entdeckungstour auch in die Rue Clisson, die Rue Jeanne D'Arc oder die Rue Chevaleret.

38___Die Gedenkstätte
Die Märtyrer haben den besten Ausblick

Mountainbiker lieben die Strecke hoch auf den Mont Valérien, mit 162 Metern die höchste Erhebung der Île de France, drei Kilometer westlich von Paris und für Untrainierte knackig steil. Das »Fort Suresnes« auf der Kuppe wurde 1841 bis 1844 im Rahmen der Thiers'schen Stadtbefestigung gebaut. Die zuvor 1812 von Napoleon errichtete Kadettenschule für Kinder und Waisen der Soldaten der Ehrenlegion wurde eingegliedert. Vom noch älteren Kalvarienberg mit Kloster und Einsiedelei blieb nichts. Beliebt ist die Anhöhe wegen der weiten Sicht über ganz Paris.

Traurige Berühmtheit erlangte das Fort am 3. April 1871, als von hier oben die Kommunarden auf dem Marsch nach Versailles mit Kanonen zusammengeschossen wurden. Im Zweiten Weltkrieg nutzte die Wehrmacht das Fort dann als Hinrichtungsstätte. Mehr als 1.000 Kämpfer der Résistance wurden hier in der kleinen Kapelle inhaftiert, von Militärgerichten abgeurteilt und exekutiert.

Am 18. Juni 1960 weihte Präsident Charles de Gaulle auf dem Hügel das »Mémorial de la France Combattante« ein, die nationale Gedenkstätte des Widerstands: eine 100 Meter lange Mauer am Fuß der Festung, in der Mitte ein zwölf Meter hohes lothringisches Kreuz, davor eine Ewige Flamme. Links und rechts repräsentieren je acht allegorische Bronzeplatten die »Deportation«, die »Aktion« sowie die verschiedenen Abteilungen des Widerstands. Hinter dem Kreuz liegen zwei Säle: in einem die »Flamme des Widerstands«, daneben 16 Särge mit Gebeinen ermordeter Kämpfer.

Dieser Teil der Gedenkstätte ist nur im Rahmen einer kostenlosen Führung geöffnet. Dann kann man auch die Kapelle mit den Hinrichtungspfählen und Särgen zum Transport der Leichen sowie die Glocke mit den Namen aller hier Ermordeten besichtigen. Der große Platz vor der Gedenkstätte heißt seit 1990 zu Ehren des deutschen Militärgeistlichen, der die Todgeweihten auf ihrem letzten Gang begleitete, Place de l'Abbé Franz Stock.

Adresse Avenue du Professeur Léon Bernard, 92150 Suresnes, Tel. +33 (0)1/47284635, www.mont-valerien.fr | **ÖPNV** Bus 360, Station Mont Valérien – ab La Défense (!) | **Öffnungszeiten** Di–So 9–12 und 13–18 Uhr, vorherige Anmeldung erforderlich | **Tipp** Das Zentrum von Suresnes ist die größte Gartenstadt der Welt, ein Projekt des Sozialisten Henri Sellier: viergeschossige Häuser im Grünen, 2.500 Wohnungen mit Zentralheizung und Bad; dazu Kindergärten, Schulen, Ärztezentrum, Altersheim und das Theater »Jean Vilar«. Schöne Backsteinarchitektur aus dem Jahr 1921.

39_Die Genossenschaft
Die Privatstraße Cité des Fleurs

Sie wirkt wie aus der Zeit gefallen. Kinder spielen, Katzen sonnen sich, wechseln von einem Vorgarten in den gegenüber, leise Klaviertöne. Eine Idylle. Ruhig und ausnehmend schön, fast kitschig. Und das mitten in Paris.

Ab 1847 wurden zwei Hektar zwischen der Rue Pouchet und der Rue Gauthey, aufgeteilt in Einzelparzellen, zum Kauf angeboten; in der Mitte ein Kopfsteinweg mit drei runden Plätzchen, zu beiden Seiten Gärten, an deren Ende, weit zurückgesetzt, je eine Zeile zu je 31 Reihenhäusern gebaut werden sollte. Maximal zwei Etagen plus Dachboden, große Gärten mit mindestens drei Bäumen, keine Hunde, Gartenpavillon erlaubt, allerdings ohne fließend Wasser und Anschluss an die Kanalisation. Auflagen zur Optik der Häuser gab es nicht, und so sind sie auch sehr unterschiedlich geraten, Landhausstil zwischen Biedermeier und Second Empire. Bis alle Parzellen an Ingenieure und Arbeiter der Fabriken verkauft waren, dauerte es 20 Jahre. Beide Enden des 300 Meter langen Wegs waren von Anfang an mit Toren verschlossen, eine Privatstraße eben. Anwohner dürfen mit Fahrzeugen passieren, alle anderen werden tagsüber als Fußgänger akzeptiert. Um 19 Uhr wird geschlossen; wer nicht beim Pförtner angemeldet ist, muss draußen bleiben. Was die erste Eigentümer-Genossenschaft 1857 festlegte, gilt bis heute. Der Anschluss an die Kanalisation führte 1900 zur ersten Gentrifizierung: Einige Anwohner konnten sich die Kosten nicht leisten.

Die Häuser wurden mit der Zeit bürgerlicher, schöner und sicher auch komfortabler. Aber die Regeln der »Cité des Fleurs« gelten für die Besitzer, zusammengeschlossen in der Genossenschaft »Association Syndicale Libre Cité des Fleurs«, weiter, besonders die für die Pflege der prächtigen Gärten. Die Krippe an der Rue Jonquière war früher eine kleine Klinik. Hier wurden Catherine Deneuve und ihre ältere Schwester Françoise Dorléac geboren.

Adresse Cité des Fleurs, 75017 Paris | **ÖPNV** Metro 13, Station Brochant; Bus 31, 54, 66, 74, Station Brochant – Cardinet | **Öffnungszeiten** täglich 7–19 Uhr, So 7–13 Uhr | **Tipp** Paris ist voller Privatstraßen. Mal wollen sich sehr Reiche vor neugierigen Blicken schützen, mal sind es vormalige Arbeitshöfe oder Sackgassen. Besonders schön: »Village des Peupliers« im 13. Arrondissement, »Village de Charonne« im 20. und die »Butte Bergeyre« im 19.

40_Der Gnomon
Saint-Sulpice und die Esoteriker

Wann immer der Esoterikmarkt boomt, strömen in Saint-Sulpice, der zweitgrößten Kirche von Paris, die Besucher herbei. Grund ist der Gnomon. Schon der Name klingt nach Mittelalter und okkultem Wissen. Und dann ist der Gnomon auch noch ein elf Meter hoher Obelisk in einer Kirche. Da musste Dan Brown für seinen Thriller »Sakrileg« nicht mehr viel erfinden, nur Fakten verdrehen.

Ein Gnomon ist ein Schattenstab, ein Stück Metall, ein Mensch oder auch ein Obelisk. Er dient in Sonnenuhren zur Bestimmung astronomischer Daten, also Sonnenwenden oder Nordrichtung, Tagundnachtgleichen, Tierkreiszeichen. Das ist dann Mathematik, weil die Schattenlänge bei bestimmtem Lichteinfall berechenbar ist. In Saint-Sulpice ist er als Messingstab im Boden eingelassen und dient als Datums- und Mittagslinie. Der Obelisk in Saint-Sulpice ist eigentlich gar kein echter Gnomon, sondern die Verlängerung der Schattenlinie in der Vertikalen. Weil Mathematik aber schwer ist, lieben manche Menschen esoterische Erklärungen. Bei Brown wird aus der Mittagslinie so abwechselnd die »Rosenlinie« (die angeblichen Nachfahren von Jesus Christus) und der Pariser Nullmeridian. Den immerhin gibt es, aber nicht in dieser Kirche. Zur Sommersonnenwende am 21. Juni 1667 eingeweiht, wurde um ihn herum das Observatorium ganz in der Nähe gebaut; nach ihm richtete sich bis 1911 die französische Zeitmessung. Der Niederländer Jan Dibbets hat 1995 zu Ehren des Astronomen und Menschenrechtlers François Arago und als Verweis auf den Meridian 135 Plaketten in Paris verlegt – auch das keine Rosenlinie.

In der Kirche gibt es dafür eine Kapelle mit drei wunderbaren Fresken von Eugène Delacroix. Für Verschwörungstheoretiker ein Zeichen, denn sie gehen fest davon aus, dessen leiblicher Vater und lebenslanger Gönner sei Talleyrand gewesen, der wiederum im Priesterseminar von Saint-Sulpice ausgebildet wurde.

Als »Beweis« gilt die angeblich große Ähnlichkeit der beiden Männer.

Adresse 2, Rue Palatine, 75006 Paris, Tel. +33 (0)1/42345998, www.st-sulpice.fr |
ÖPNV Metro 4, Bus 63, 70, 86, 87, 96, Station Saint-Sulpice; Metro 10, Station Mabillon |
Öffnungszeiten Mo–Sa 9.30–19 Uhr; So nach der Messe 16–18 Uhr | **Tipp** Direkt über dem Pariser Nullmeridian wurde 1667 bis 1671 das Observatorium gebaut, eine der weltweit wichtigsten astronomischen Forschungsstätten. Der Vorgänger des Nullmeridians von Greenwich ist im Boden des Cassini-Saals eingelassen. Nur an den Kulturerbetagen (Sept.) und am Tag der Wissenschaften (Okt.) kostenlos zu besichtigen.

41 Die Graspyramide
In Bercy versteckt sich ein Koloss

»Lower East Side« nannten Spötter das verwahrloste Viertel an der Seine hinter der Gare de Lyon, bevor es in den 1970ern zum größten Stadtentwicklungsprojekt wurde. Im Zentrum zwei Baukolosse, das neue Finanzministerium und der »Palais Omnisports de Paris-Bercy« (POPB), ein Gebäude der besonderen Art, eine riesige Graspyramide.

Das Architektenteam Michel Andrault/Pierre Parat gewann 1979 den Bauwettbewerb; Jacques Chirac weihte die Multifunktionshalle 1984 mit einem Sechstagerennen ein. Das Spannendste an dem Bauwerk ist das, was man nicht sieht. Im gesamten Innenraum, der nach umfangreicher Sanierung (2014/15) bis zu 21.000 Sitzplätze bietet, stört kein einziger Pfeiler die Sicht, denn die gewaltige Decke ist freitragend. Entworfen wurde sie von Jean Prouvé. Der Kunsthandwerker, Techniker und (Möbel-)Designer ist das Mastermind hinter dem Bau. Stars wie Renzo Piano oder Norman Foster nennen den Autodidakten als Vorbild. Prouvés gut sichtbare blaue Metallkonstruktion, die über der Pyramide zu schweben scheint, ist an vier in die Schrägen der Seitenflächen eingebauten Betonpfeilern aufgehängt. Trotz ihrer Größe übersieht man sie leicht. Der Metallrahmen trägt das Dach und Bahnen, an denen Kräne die technischen Vorrichtungen im Innenraum so verschieben, dass die Halle in kürzester Zeit unterschiedlich genutzt werden kann: Ob Leichtathletik-, Handball-, oder Eishockey-Weltmeisterschaft, ob Skihalle, Theater-, Zirkus- oder Show-Event, alles ist möglich. Das erste Konzert gaben die Scorpions 1985. Die Rolling Stones haben hier gespielt, Frankreichs Musiklegende Johnny Hallyday allein 93 Mal, und Lady Gaga hält den Ticket-Rekord, die Halle in 60 Sekunden vier Mal ausverkauft zu haben. Seit der Renovierung heißt die Halle (für zehn Jahre) nach dem Sponsor »Accor Hotels Arena«. 2024 wird hier das olympische Basketballturnier ausgetragen.

Adresse 8, Boulevard de Bercy, 75012 Paris, Tel. +33 (0)8/92390490, www.accorhotelsarena.com | **ÖPNV** Metro 6, 14, Station Bercy; RER A/D, Bus 20, 24, 63, 65, 87, Station Gare de Lyon | **Öffnungszeiten** 2 Stunden vor Beginn von Veranstaltungen | **Tipp** Die Skater-Anlage im Parc de Bercy – direkt neben dem Eingang zur Eishalle »Sonja Henie« der POPB – lohnt, ob als Zuschauer oder Nutzer.

42 Das Hinterhaus
Eugène Delacroix und sein Atelier im Garten

In der Ecke eines ruhigen, versteckten Platzes mitten im quirligen Quartier Latin führt der Weg durch ein Doppeltor aus Holz in einen gepflasterten Hof. Rechts die Brandmauer zum Nachbarhaus, links zwei Steinstufen zu einer Tür. Dahinter geht man eine Treppe steil aufwärts auf eine bordeauxrote Wand zu, daran ein Sockel mit überlebensgroßer Büste: sehr theatralisch, eine Weihestätte für Eugène Delacroix.

In diesem Hinterhaus hat der Maler von »Die Freiheit führt das Volk«, dem emblematischen Bildnis der Revolution und zugleich des Selbstbildes der Franzosen, von 1857 bis zu seinem Tod 1863 gelebt. Im Garten des Hinterhauses ließ er eine Remise als Atelier errichten. Alles kann besichtigt werden. Das große, lichte Atelier und der zauberhafte, kleine Garten sind ebenso wie Teile der Wohnung seit 1971 Museum, seit 2004 Außenstelle des Louvre.

Delacroix selbst schrieb: »Meine neue Herberge ist wirklich charmant ... Die Sicht auf meinen kleinen Garten ist der heiterste Aspekt meines Ateliers und bereitet mir immer Freude.« Bis heute ist dieser Garten des Hinterhauses eine Oase der Ruhe, einladend mit Sitzecken und einer Holzbank um einen Baum herum. Delacroix – berühmt, aber einsam und zur Melancholie neigend – war ins Quartier Latin gezogen, um näher an der Kirche Saint-Sulpice zu sein, in deren Heilige-Engel-Kapelle er zu dieser Zeit drei Fresken malte, den »Erzengel Michael und den Drachen«, die »Vertreibung Heliodors« und den »Kampf Jakobs mit dem Engel«. Gegen den romantischen Malstil seiner Zeit setzte Delacroix bei der Bildgestaltung auf Farben, »das ureigenste Mittel des Malers«.

Zwei Jahre vor seinem Tod wurden die Wandbilder in der Kirche enthüllt. In den Louvre muss man trotzdem, um Delacroix' berühmtestes Werk zu sehen. Und nichts verkörpert Frankreich so sehr wie seine gemalte Ode an den Freiheitskampf, die Julirevolution von 1830.

Adresse 6, Rue de Furstenberg, 75006 Paris, Tel. +33 (0)1/44418650, www.musee-delacroix.fr | **ÖPNV** Metro 4, Bus 39, 63, 70, 86, 95, 96, Station Saint-Germain-des-Prés; Metro 10, Station Mabillon | **Öffnungszeiten** täglich 9.30 – 17.30 Uhr, außer Di, am 1. Do des Monats bis 21 Uhr | **Tipp** Kunst ganz anders erlebt man im »Atelier des Lumières« (38, Rue Saint-Maur). 140 Videoprojektoren erschaffen in einer ehemaligen Gießerei eine eigene Welt, der Besucher steht und bewegt sich buchstäblich in den Bildern. Sehr eindrucksvoll.

43 _ Der Höhepunkt
Das höchste Sonnendeck heißt »Grande Arche«

Mit vollem Namen heißt der weiße Klotz des dänischen Architekten Otto von Spreckelsen (1929–1987) »La Grande Arche de la Fraternité«. In Auftrag gegeben von Staatspräsident François Mitterrand und eingeweiht zum 200. Jahrestag der Revolution am 14. Juli 1989, verlängert er die historische Pariser Sichtachse vom Louvre über den Obelisken auf der Place de la Concorde und den Arc de Triomphe über die Seine hinaus bis in das neue Stadtviertel La Défense. Das gehört im Übrigen nicht zu Paris, sondern zum Departement Hauts-de-Seine.

30.000 Tonnen wiegt der fast perfekte Quader (112 mal 111 mal 107 Meter) aus weißem Marmor und Glas. Je näher man ihm kommt, desto riesiger wird der Würfel mit seinen 25 Stockwerken voller Büros. Und bleibt doch erstaunlich luftig, fast schon anmutig.

Bei gutem Wetter sollte sich niemand die Fahrt mit den gläsernen, im Innenraum des Bogens installierten Aufzügen entgehen lassen. Der Eintritt ist happig, aber dafür erwartet einen in 110 Meter Höhe das beste Sonnendeck von Paris. Eine gigantische, 100 Meter lange Holzterrasse mit Loungemöbeln und Bänken, kühlen Getränken oder Kaffee und Kuchen und Panoramablick über die Île de France als Zugabe. Selbst der Eiffelturm wirkt von hier klein, der Arc de Triomphe und die »Fondation Vuitton« geradezu winzig. Um den modernen Triumphbogen herum stehen zwei Dutzend verspiegelte Hochhäuser; jedes für sich betrachtet sicher spannende Architektur – in der Masse jedoch eher Geschmackssache. Aber nach Osten geht der Blick, schnurgerade die ganze Champs-Élysées entlang bis zum Louvre, acht Kilometer entfernt. Tatsächlich ist »Grande Arche« aus statischen Gründen leicht aus der Achse gedreht.

Junge Leute nutzen die große Freitreppe vor dem Würfel besonders an warmen Sommerabenden als Partytreff mit Blick auf die Stadt, die riesige Freifläche davor zum Skaten und Tanzen.

Adresse 1, Parvis de la Défense, 92800 Puteaux, Tel. +33 (0)1/40905220, www.lagrandearche.fr | ÖPNV Metro 1, RER A, Bus 73, 141, 158, 159, Station La Défense | Öffnungszeiten täglich 10–19 Uhr, letzter Einlass 18.30 Uhr | Tipp Den besten Blick auf die Sehenswürdigkeiten von Paris hat man vom Tour Montparnasse, dem Arc de Triomphe und vom Dach des »Institut du monde arabe«. Man ist einfach näher dran oder mitten drin.

44__Der Hof
Ein Wallfahrtsort für Fans des Chansons

Impasse Florimont heißt die kleine Sackgasse, versteckt hinter einer Tankstelle im 14. Arrondissement. In der Nummer 9, eher Kotten als Haus, lebten Jeanne Le Bonniec und Ehemann Marcel Planche. Im März 1944 klopfte ein junger Mann an der Tür, 22 Jahre alt, nach einem Jahr Arbeitsdienst im brandenburgischen Basdorf vor der Zwangsarbeit desertiert: Georges Brassens. Das Paar nahm den Mann im winzigen Haus auf, wollte ihn bis Kriegsende verstecken. Daraus wurden 22 Jahre, wie die Tafel im meist zugeparkten Zugang zur Sackgasse ausweist. Als Brassens Anfang der 50er Jahre berühmt, ja eine Institution des Chansons wurde, blieb er seinen Freunden und Rettern treu, wohnte weiter mit ihnen unter einem Dach. 1955 kaufte er die Häuser Nummer 7 und 9, ließ sie verbinden und etwas Komfort schaffen. Viele Fotos von Georges mit Gitarre und Pfeife entstanden vor dem Metalltor, auch das Gros seiner Chansons komponierte Brassens auf ihm Hof, am Küchentisch. Den Freunden setzte er musikalisch Denkmale: »La Jeanne, La Cane de Jeanne« (Jeannes Ente) und die Hymne an Marcel, den Mann aus der Auvergne, der so selbstlos wie selbstverständlich hilft und dafür vom Sensenmann direkt in den Himmel geleitet wird: »L'Auvergnat«.

Im heute mit Farbe etwas aufgehübschten Hinterhof fühlte sich der Nonkonformist Brassens lange heimisch, unter seinesgleichen. Die Bronzeplatte mit seinem Profil – ein Werk des Sängers Renaud – wurde 1994 angebracht, die Terrakotta-Katzen von Michel Mathieu 2005 auf dem Dach platziert. Die Fassade des Eckhauses zur Rue d'Alesia zeigt ein Bild von Brassens auf seinem Hof, den er 1966 verließ. Marcel war gestorben, Jeanne heiratete ein Jahr später erneut. Nach ihrem Tod, ein weiteres Jahr später, schenkte Brassens das Häuschen einem Freund aus Zeiten des Arbeitsdiensts in Deutschland. Er selbst starb 1981 an Nierenkrebs. Seine Lieder singt man noch heute.

Adresse 9, Impasse Florimont, 75014 Paris, www.georgesbrassens.fr | **ÖPNV** Metro 13, Bus 63, Station Plaisance; Bus 58, 62, Station Alésia – Didot | **Öffnungszeiten** jederzeit zugänglich | **Tipp** Eine weitere Adresse für Freunde des französischen Liedes ist die Rue de Verneuil 5 bis. Im Haus hinter der über und über bemalten Wand lebte Serge Gainsbourg bis zu seinem Tod 1991.

45 Das Holzboot
Ein schwimmendes Hotel auf der Seine

Wenige Städte sind ein solcher Touristenmagnet wie Paris. 35 Millionen Übernachtungen in 130.000 Hotelbetten verzeichnet die Stadt jährlich. Von der Absteige bis zum Luxuspalast jenseits der Sternewertung ist für jeden und jeden Geldbeutel etwas dabei – seit Mitte 2016 auch ein schwimmendes Hotel. Kein von Rost zusammengehaltener Seelenverkäufer und kein aufgemotzter Lastkahn, sondern ein Design-Hotel auf dem »Fundament« eines Katamarans: das »OFF«.

Holz, Kupfer, Glas und Stahl dominieren das Bild – das wirkt zugleich ultramodern und angenehm warm. Gérard Ronzatti und die auf schwimmende Bauten spezialisierte Agentur »Seine Design« haben das 75 Meter lange Hotelboot entworfen. Auf zwei Etagen bietet es 58 Zimmer, davon vier Suiten; da alle Außenwände verglast sind, ob zum Ufer oder zur Seine gelegen, sind ungewöhnliche Ausblicke ab dem Öffnen der Zimmertür garantiert – umgekehrt auch Einblicke, vor allem von der Wasserseite. Das »OFF« hat eine Bar und ein Restaurant, getrennt durch einen Minipool zwischen den beiden Schiffsrümpfen. Zwei Rümpfe bedeutet auch für nicht »seefeste« Menschen: Das Boot liegt stabil, ein Schwanken ist kaum spürbar – angeblich hat noch kein Gast das schwimmende Hotel deshalb wieder verlassen.

Die Seine liefert Inspiration für vieles im Hotelboot. Wie der Fluss Paris teilt, so teilt der Pool den öffentlichen Bereich, ein lichtgrauer Gang den Wohntrakt. »Rive Gauche« und »Rive Droite« (linkes und rechtes Ufer) heißen die Stadthälften und entsprechend die Bootsseiten. Die Einrichtung ist stylish, alles wirkt durchdacht, und mit 14 Quadratmetern sind die Zimmer auch nicht kleiner als in Paris üblich. Bleibt eines: das 13. ist Ausgehviertel für junge Leute, im »OFF« wird freitags und samstags Livemusik gespielt, und der angesagte Nachtclub »Concrete« liegt gegenüber. Wer absolute Ruhe sucht, sollte ein anderes Hotel buchen.

Adresse 86, Quai d'Austerlitz, 75013 Paris, Tel. +33 (0)1/44066266, www.offparisseine.com | **ÖPNV** Metro 5, 10, RER C, Bus 24, 57, 63, 91, Station Gare d'Austerlitz; Metro 1, 14, Station Gare de Lyon (am anderen Ufer) | **Tipp** Die Gare de Lyon am Seineufer gegenüber ist aus vielen Gründen sehenswürdig: die reich verzierte Fassade mit Glockenturm, im Inneren die historische Bahnhofsuhr, die Fresken-Galerie in der grandiosen »Salle Méditeranée« und das Restaurant »Le Train Bleu« im Bahnhofs-Kopf.

46 Das Hôtel Biron
Das Museum Rodin beherbergte einst viele Künstler

Gebaut wurde der Stadtpalast neben dem Invalidendom für den Bankier Abraham Peyrenc de Moras (1686–1732). Der starb, bevor die Arbeiten beendet waren. Seine Witwe vermietete das Anwesen und verkaufte es dann 1753 an Marschall Biron (1701–1788), Pair de France, nach dem der Palast bis heute heißt. Es folgten viele Besitzer, von der russischen Botschaft bis zum Kloster des Frauenordens Sacré-Cœur, die alle ihren Bedürfnissen entsprechend umbauten.

Zu Beginn des 20. Jahrhunderts bewohnten vor allem Künstler einzelne Flügel: Jean Cocteau, Henri Matisse, Isadora Duncan und Clara Westhoff, Ehefrau von Rainer Maria Rilke. Der wiederum war 1905/06 Privatsekretär von Auguste Rodin und machte den Bildhauer, der mit seinen Plastiken und Skulpturen alle bisherigen Vorstellungen von Bildhauerei revolutioniert hatte, auf das Anwesen aufmerksam. Rodin mietete 1908 vier auf den Garten gehende Räume im Erdgeschoss als Atelier an. Im verwilderten Garten selbst stellte er Skulpturen auf. 1911 kaufte der französische Staat den Besitz und kündigte allen Mietern, bis auf Rodin. Der verhandelte mit der Regierung, versprach, er werde dem Staat alle seine Skulpturen und Arbeiten stiften, wenn Frankreich das Hôtel Biron dauerhaft zum Museum für seine Werke mache. 1916, ein Jahr vor Rodins Tod, stimmte die Nationalversammlung dem Angebot per Gesetz zu. Das Ergebnis ist das vielleicht schönste Museum der Stadt. Im Haus finden sich Vorarbeiten, Studien in Gips, Ton und Bronze, auch Statuen wie der kopflose Torso »Der Gehende Mann«. Im Garten auf drei Hektar alle berühmten Werke in Bronze: »Johannes der Täufer« und »Aphrodite«, »Die Bürger von Calais«, »Der Kuss«, »Der Denker« und viele weitere. Dazu die sogenannte Marmorhalle und daneben Rodins Interpretation von Dantes »Höllentor«, eingerahmt von den Statuen »Adam« und »Eva«.

Die Kapelle aus dem Jahr 1876 ist heute Auditorium.

Adresse 77, Rue de Varenne, 75007 Paris, Tel. +33 (0)1/44186110, www.musee-rodin.fr | ÖPNV Metro, RER C, Station Invalides; Metro 13, Station Varenne; Bus 82, 92, Station Vauban | Öffnungszeiten täglich 10–17.45 Uhr, außer Mo | Tipp In der kreisrunden Krypta genau unter der Kuppel des Invalidendoms befindet sich das Grabmal für Napoleon Bonaparte, ein gewaltiger rotbrauner Sarkophag, bewacht von zwölf Siegesgöttinnen. Der Besuch lohnt unbedingt.

47 Das Hôtel du Nord
Das reale Haus zum Roman und zum Film

Für seinen Erstlingsroman »L'Hôtel du Nord« erhielt der bis dahin mäßig erfolgreiche Maler Eugène Dabit 1931 den mit 5.000 Francs dotierten »Prix du roman populiste«. Ein wichtiger Preis, der seit 2012 nach ihm benannt ist. Fast autobiografisch schilderte Dabit (1898–1936) das Leben seiner Eltern, die am Canal Saint-Martin ein kleines Hotel betrieben, und das ihrer Kunden: Schauerleute, Flussschiffer, Arbeiter und Dienstmädchen. Gerühmt wird die lakonische Sprache des Autors ohne Wertungen und Pathos, Naturalismus pur. Es geht um Arbeit und Not, Krankheit und Elend, nur selten ein kurzes Glück. Paris am Canal Saint-Martin war nicht die feingeistige Stadt der Liebe, sondern eine Stadt der Maloche und des Suffs.

1938 verfilmte Marcel Carné (1906–1996), der Begründer des Poetischen Realismus, das Buch unter dem nämlichen Titel. Ein Riesenerfolg. Gedreht wurde nicht am Originalschauplatz – der galt damals als No-go-Area –, sondern im Studio. Die bis dahin unbekannte Schauspielerin Arletty (1898–1992) wurde über Nacht zum Star, verklärt als »Madonna des Kanal Saint-Martin« und »Muse der Vorstädte«. Arletty, die die eigene proletarische Herkunft nie verleugnete, spielte im Film eine Hure, schön und arm, schlagfertig und von eher rauem Charme. Sie traf exakt den Ton des Quartiers und seiner Menschen. Bis heute ist ihre Replik »Sieht meine Fresse etwa nach Atmosphäre aus« in Frankreich sprichwörtlich. Der Film »Hôtel du Nord« ist in Frankreich fast so berühmt wie die zweite Zusammenarbeit von Carné und Arletty, »Die Kinder des Olymp«.

Das Hôtel du Nord wurde äußerlich ein wenig aufgehübscht und ist weiter Kneipe und Restaurant am Kanal – aber nicht mehr im Besitz der Familie Dabit. Das Viertel dagegen hat sich sehr verändert: es ist jung und hipp, ein Ausgehviertel der Bobos, der Bohemien bourgeois. Jede Menge trendige Bars, Geschäfte und Restaurants.

Adresse 102, Quai des Jemappes, 75010 Paris, Tel. +33 (0)1/40407878, www.hoteldunord.org | **ÖPNV** Metro 2, Station Colonel Fabien; Metro 4, 5, 7, Station Gare de l'Est; Bus 46, 75, Station Granges aux Belles | **Öffnungszeiten** täglich 10 – 1.30 Uhr | **Tipp** Noch ein bisschen Atmosphäre: Man kann sich per Boot über den Canal Saint-Martin von der Einmündung in die Seine bis zum Bassin de la Villette (und andersherum) schippern und schleusen lassen. Die Abendtour ist kürzer, aber romantischer.

48 Die Instrumentenbauer
Die Rue du Rome ist Klang

An der Westseite vom Bahnhof Saint-Lazare verläuft die Rue de Rome parallel zu den Schienensträngen des zweitgrößten Pariser Kopfbahnhofs. Es ist laut. Auf dem berühmten Bild »Ankunft eines Zuges« von Claude Monet meint man das hören zu können. Und doch, wenige Meter weiter bietet die Straße ein ganz anderes Bild: Auffallend viele Menschen sind hier mit Instrumentenkoffern unterwegs. An manchen Tagen, so scheint es, jeder Dritte.

Das hat einen Grund. Im Jahr 1911 zog das Pariser Konservatorium in die ehemalige Jesuitenschule in der Rue de Madrid und veränderte das Viertel. Drum herum siedelten sich fortan vor allem Geschäfte an, die in irgendeiner Form mit Musik zu tun haben, knapp 50 allein zwischen den Kreuzungen Rue de Vienne und Copenhague. Eine Monostruktur von Musikalienhandlungen, fast schon mittelalterlich: da das Schaufenster eines Klavierbauers, daneben Blasinstrumente aller Art. Die Auslagen der nächsten Geschäfte präsentieren die Arbeiten namhafter *luthiers* (Geigenbauer) oder *archetiers* (Bogenbauer). Es gibt Gitarrenbauer und Buchhandlungen, spezialisiert auf Noten und Partituren. Und es wird eben nicht Massenware aus China verkauft, sondern die Handarbeit ausgebildeter Meister.

Die Läden sind zugleich Werkstätten und zuweilen auch Musikschulen, die Kurse für jedes Niveau vermitteln. Hinter den Glasscheiben ist »altes« Handwerk zu sehen, sei es der Bau einer Lehrgeige, die Reparatur eines Cellos oder einer Klarinette, das Stimmen eines Flügels oder das Bespannen eines Bogens mit Echthaar. Wer freundlich fragt, darf meist auch fotografieren. Zudem sind einige Schaufenster selbst echte Schmuckstücke, mit farbigen Holzrahmen verkleidet und goldenen Lettern beschriftet. Für Passanten ist das ein bisschen wie ein Ausflug in vergangene Zeiten, für Musiker, egal ob nun Amateure oder Profis, ein Muss. Denn die Rue de Rome bietet die größte Dichte an Fachgeschäften.

Adresse Rue du Rome und Nebenstraßen | **ÖPNV** Metro 2, Station Rome; Metro 3, Station Europe – Simone Veil; Metro 12, 13, 14, Station Gare St.-Lazare; Bus 53, 66, 80, Station Europe | **Öffnungszeiten** täglich zu Geschäftszeiten, circa 9.30 – 19 Uhr | **Tipp** E-Gitarren und Verstärker kauft man auf der Rue de Douai. Fans von Vinyl werden im 11. Arrondissement fündig, zum Beispiel »Betino's Record Shop« (32, Rue Saint-Sébastien) oder »Souffle Continu« (22, Rue Gerbier). Der Klassiker im Fünften: »Crocodisc« in der Rue des Écoles 40.

49 Die Kacheln
Was man mit Keramik alles machen kann

Brüssel hatte 1872 einen Wettbewerb um die schönste Fassade ausgeschrieben, explizit mit dem Ziel, den Tourismus anzukurbeln. 1896 zog die Pariser Stadtverwaltung nach, zunächst begrenzt auf die Rue Réaumur, zwei Jahre später für alle Neubauten im gesamten städtischen Gebiet. Von diesen Bewerben (bis 1930) profitiert Paris bis heute, auch weil die Tradition, Gebäude schmuck aussehen zu lassen, nie ganz abriss. Zudem hat der Stadtrat jüngst beschlossen, den *concours* neu aufleben zu lassen.

Der Architekt Henri Deneux, berühmt für die Rettung der Kathedrale seiner Heimatstadt Reims nach dem Ersten Weltkrieg, gewann 1905 den Wettbewerb in der Kategorie »Restauration historischer Gebäude«. Weniger bekannt ist das Haus, das er für sich selbst gebaut hat (1910–1913). Dabei hätte es Ruhm verdient. Zwar gibt es in Paris eine gewisse Anzahl von Keramikfassaden, aber keine wie diese. Sie wurde von Architekten als optisch und handwerklich exemplarisch gefeiert, aber nach dem Krieg war anderes gefragt als Zierrat des späten Jugendstils.

Deneux entwarf ein Eckgebäude, vierstöckig zur Rue de Tennis, drei Etagen zur Belliard. Für die Zeit mehr als ungewöhnlich mit großem Dachgarten als Teil der Wohnung, die er für sich selbst vorgesehen hatte. Noch ungewöhnlicher die Fassaden. Sie sind nahezu vollständig mit quadratischen Keramikfliesen versehen: im unteren Teil und in der Betonung der vertikalen Linien farbig und rechteckig, darüber cremefarben, über die gesamte Fläche in Kreisen organisiert. Nicht einfach von unten nach oben Fliesen in Reihe gelegt, sondern Fliese für Fliese an zuvor exakt berechneter Stelle in den Sichtbeton gesetzt, zum Teil einzeln zugeschnitten. So entstehen aus Nähe oder Distanz ganz unterschiedliche Wirkungen.

Das Bild über der Eingangstür, ebenfalls aus Keramik, zeigt Henri Deneux am Schreibtisch, ein Selbstporträt in der Art mittelalterlicher Baumeister.

Adresse 185, Rue Belliard, 75018 Paris | **ÖPNV** Metro 13, Station Porte de Saint-Ouen; Bus 81, Station Navier | **Tipp** Keramikfassaden waren in Paris zu Beginn des 20. Jahrhunderts schwer in Mode, in unterschiedlichen Farben, Mustern und Formen. Ganz in Weiß: 26, Rue Vavin (6. Arr.) von H. Sauvage 1912–13; bunt: Hôtel Boutet, 22–24, Rue Faydherbe (11. Arr.) von A. Champy 1926.

50 Die Katakomben
Die Beinhäuser von Montrouge

Eine Wendeltreppe führt 20 Meter in die Tiefe, genau 131 Stufen, nicht jedermanns Sache. Es wird kühler, kaum 14 Grad, auch feuchter. Der Abstieg führt in die Kalksteinbrüche unter Paris. Seit dem römischen Lutetia wurden Stollen unter die Stadt getrieben. Aus den über 300 Kilometern unterirdischer Kavernen stammt der weiße Sandstein von Paris. Die Gänge sind hoch und breit, Platzangst nicht nötig. Über einem Sturz die Inschrift: »Arrête! C'est ici, empire de la mort.« (Halt! Hier beginnt das Reich der Toten.) Dahinter das größte Beinhaus der Welt. Die Knochen von rund sechs Millionen Menschen.

Seuchen und Hungersnöte führten Ende des 18. Jahrhunderts dazu, dass die Pariser Friedhöfe die Toten trotz Stapelung der Leichen nicht mehr fassen konnten. Der »Cimetière des Innocents« musste 1780 geupert werden. Die Luft beim heutigen Brunnen des »Innocents« war derart verpestet, dass Menschen an Vergiftungen starben. Seit 1777 war die Generaldirektion der Steinbrüche dafür zuständig, die ausgehöhlten Böden statisch zu prüfen und die alten Stollen zuzuschütten. Die Idee entstand, beide Aufgaben zu verbinden. 1785 wurden die Toten von Saint-Innocents in die Katakomben von Montrouge überführt, dann die von St.-Eustache und St.-Landry, schließlich die aller innerstädtischen Friedhöfe. Die Totengräber begannen Knochen und Schädel kunstvoll zu arrangieren, zu Mauern und Säulen, mit Ornamenten und Kreuzen. Das Ergebnis ist seit 1809 auf zwei Kilometer Länge zu besichtigen: ein umgebetteter Totenacker neben dem anderen, darunter die Knochen der Revolutionäre Danton und Robespierre, von Jean-Paul Marat und seiner Mörderin Charlotte Corday.

Es gibt auch nicht öffentliche Grabstätten in den Katakomben. Dazu angeblich einen Trakt für den Goldschatz der Nationalbank. Und Menschen, sogenannte *cataphiles*, die unbekannte Stollen heimlich und verbotenerweise erforschen.

Adresse 1, Avenue du Colonel Henri Rol-Tanguy, 75014 Paris, Tel. +33 (0)1/43224763, www.catacombes.paris.fr | **ÖPNV** Metro 4, 6, RER B, Bus 38, 68, 88, Station Denfert-Rochereau | **Öffnungszeiten** täglich 10–20.30 Uhr, außer Mo und einzelne Feiertage | **Tipp** Nur 200 Menschen dürfen gleichzeitig die Katakomben betreten. Um nicht Schlange zu stehen, empfiehlt es sich, an Wochentagen und früh zu kommen. Ebenso sinnvoll: Pullover und flache Schuhe.

51 Das Kaufhaus
Das »Bon Marché« ist das erste seiner Art

Der Hutmachersohn Aristide Boucicaut (1810–1877) aus Bellême in der Normandie sollte Mitte des 19. Jahrhunderts den Einzelhandel revolutionieren. Gemeinsam mit seiner Frau Marguerite (1816–1887) schuf er das erste und lange Zeit größte Warenhaus der Welt.

1848 kaufte sich Ehepaar Boucicaut als Teilhaber in den Einzelhandel »Le Bon Marché« der Gebrüder Videau ein. Vier Jahre später waren sie Mehrheitseigner, 1863 dann alleinige Besitzer. In nur 15 Jahren war aus dem Laden mit zwölf Angestellten ein Großwarenhaus geworden. Es gab alles, was der bürgerliche Haushalt benötigte: Grundnahrungsmittel und Feinkost, Kleidung, Möbel, Schuhe, einfach alles. Viel wichtiger, die Boucicauts entwickelten das seinerzeit revolutionäre Prinzip des Massenvertriebs: geringe Margen, dafür Festpreise, Waren mit Preisschild, Reklame, Umtausch, Lieferung ins Haus, Rabatt und Schlussverkauf. Zudem erfanden sie Mitarbeiterbeteiligung und Pensionskasse – um Gewerkschaften fernzuhalten. Ab 1856 konnten Kunden per Katalog bestellen, ab 1875 sogar echte Ölbilder. Das Kaufhaus bot den Künstlern kostenfrei Ausstellungsflächen und erhielt dafür die denkbar beste Werbung. Dazu gab es auch kostenlose Konzerte.

Das »Bon Marché« war Vorbild für »Samaritaine« und »Printemps«, die am anderen Seineufer von ehemaligen Angestellten gegründet wurden, und für Kaufhäuser weltweit. 1869 wurde das Gebäude zu seiner heutigen Größe erweitert. Die grandiosen Stahlkonstruktionen von Gustave Eiffel waren seinerzeit eine Sensation. Sie haben mehr Eisen verschlungen als der Eiffelturm selbst. Das Publikum strömte, schon um das Haus bewundern zu können. Die Gebäudestruktur blieb danach immer unangetastet: sowohl 1877, als Marguerite die alleinige Leitung übernahm, als auch 1984, als die Gruppe »LVMH« (Louis Vuitton – Moët Hennessy) das »Bon Marché« kaufte und zum Maßstab in Sachen Luxus machte.

Adresse 24, Rue des Sèvres, 75007 Paris, Tel. +33 (0)1/44398080, www.24sevres.com | **ÖPNV** Metro 10, 12, Bus 39, 63, 68, 70, 84, 87, 94, Station Sèvres – Babylone | **Öffnungszeiten** täglich 10–20 Uhr, Do bis 21 Uhr, So erst ab 11 Uhr | **Tipp** Das »Lutetia« gegenüber, das einzige Luxushotel am linken Seineufer, wurde von den Boucicauts gebaut, um Kundinnen, die einmal im Jahr von außerhalb zum Einkauf kamen, standesgemäß unterbringen zu können. Seit 2018 ist es frisch renoviert und wieder in Betrieb.

52_Die Kathedrale
Die Wiege der Gotik in Saint-Denis

Die Ähnlichkeit ist frappierend. Der linke Turm fehlt, aber sonst wirkt das Westportal von Saint-Denis wie die Kopie von Notre-Dame. Allein: Es ist genau umgekehrt. Die Kathedrale von Saint-Denis ist der erste gotische Kirchenbau, Notre-Dame die Kopie.

Als der Nationalheilige und erste Bischof von Paris Dionysius geköpft wurde, nahm er der Legende nach seinen Kopf auf und lief viele Kilometer bis Saint-Denis. Über seinem Grab entstand die erste Kapelle. Die wurde zur Wallfahrtskirche, dann um eine Abtei vergrößert und mit dem Merowinger Chlodwig I. seit 654 zur Grablege der Könige bis zu Pippin dem Kleinen (der hier auch gekrönt wurde). Sein Sohn, Karl der Große, wurde in Aachen, seiner bevorzugten Kaiserpfalz, beigesetzt. Mit Karl dem Kahlen und vor allem Hugo Capet wurde dann erneut Saint-Denis zur zentralen Grablege nahezu aller französischen Könige bis Ludwig XVI. und Marie Antoinette. Insgesamt waren 42 Könige, 32 Königinnen sowie 63 Prinzen und Prinzessinnen hier begraben.

1137 wurde unter Abt Suger der Grundstein der heutigen Westfassade gelegt. Das erste Bauwerk der Gotik. 1140 folgte der erste gotische Chor mit Spitzbögen, Umgang und Kapellenkranz. Sugers Ziel: einen neuen Tempel Salomons zu bauen und so die Macht der französischen Könige zu demonstrieren. Das Wissen der (unbekannten) Bauhüttenmeister ermöglichte zum Ende der Romanik, höhere Bauten mit weggelassenen Stützwänden und großen Fensterflächen zu schaffen. Kirchen waren keine Trutzburgen mehr, sondern »das Licht Gottes« sollte sie durchdringen und erleuchten. Mit Saint-Denis wurden diese Ideen erstmals verwirklicht. Zwei Glasbilder im Chor setzen Suger dafür ein Denkmal.

1793 wurden alle Grabstätten geöffnet, die Gebeine in Massengräber verbracht. Da sie nicht mehr identifiziert werden konnten, liegen sie heute mit wenigen Ausnahmen (Marie Antoinette und Ludwig XVI.) zusammen im Beinhaus der Krypta.

Adresse 1, Rue de la Légion d'Honneur, 93200 Saint-Denis, Tel. +33 (0)1/48098354, www.saint-denis-basilique.fr | **ÖPNV** Metro 13, Tram 153, Bus 253, Station Basilique de Saint-Denis | **Öffnungszeiten** Mo–Sa 10–17.15 Uhr, So 12–17.15 Uhr, April–Sept. eine Stunde länger | **Tipp** Unglaubliche 220 Meter lang ist die zentrale Halle der »Cité du Cinema« in der Rue Ampère: Studios, Kino, Filmschule und Museum im ehemaligen E-Werk der Pariser Metro. Stahl, Glas, reines Art déco.

53 Die Kirche

Im »Bauch von Paris« tobte immer schon das Leben

So viel Platz wie heute war nie vor Saint-Eustache, seit das Forum Les Halles und Mandela-Park fertiggestellt sind. Freie Fläche und Sicht auf die beeindruckende Südfassade. Im »Bauch von Paris« rund um die alten Markthallen war es immer eng und quirlig, drängelten sich Händler und Käufer, Adlige, Handwerker, Bettler und Touristen, so lange es die Kirche gibt. Zwischen 1532 und 1640 wurde Saint-Eustache gebaut, Geldmangel und Religionskriege sorgten für Verzögerungen, bis heute fehlt der Südturm. Den Mix aus Spätgotik und Renaissance hielten Kunsthistoriker lange für hässlich, auch das ist heute anders. Vielleicht weil nun Proportionen des Bauwerks zu erfassen sind oder die Sonnenuhr im Südgiebel und der Merian zu sehen sind.

Kaum eine andere Kirche bietet so viel Kunst- und Musikgenuss: Keith Haring stiftete Saint-Eustache ein Tryptichon. Direkt daneben schlägt das Herz von Paris. Die »Neue Orgel«, 1989 von der niederländischen Firma Van den Heuvel gebaut, ist mit 8.000 Pfeifen die größte in Frankreich, berühmt für ihren phänomenalen Klang. Schon die »Alte Orgel« schrieb Musikgeschichte: Rameau gab sein letztes Konzert, Berlioz die Premiere seines »Te Deum«, Franz Liszt seine »Große Messe«.

Jahrhundertelang war Saint-Eustache die Kirche der Zünfte und der Marktbeschicker. An deren Umzug nach Rungis am 27. Februar 1969 erinnert eine Skulptur von Raymond Mason in einer der Seitenkapellen. Und noch immer begehen im November die Schlachter ihre eigene Messe. Das pralle Leben um die Kirche, spiegelt sich in ihrer Geschichte: Kardinal Richelieu (1585), Jean-Baptiste Poquelin, genannt Molière (1622), Prinz Eugen (1668) und Madame Pompadour (1721) wurden hier getauft. Der Sonnenkönig Ludwig XIV. feierte seine Erstkommunion, sein Hofkomponist Lully seine Hochzeit. Colbert und Mirabeau wurden begraben, und Mozart beweinte an diesem Ort den Tod seiner Mutter.

Adresse 2, Impasse Saint-Eustache, 75001 Paris, Tel. +33 (0)1/42363105, www.saint-eustache.org | **ÖPNV** Metro 1, Station Louvre – Rivoli; Metro 4, Station Les Halles; RER A, B, D, Station Châtelet – Les Halles; Bus 67, 74, 85, Station Coquillieres | **Öffnungszeiten** Mo–Fr 9.30–19 Uhr, Sa 10–19.15 Uhr, So 9–19.15 Uhr | **Tipp** Ein Genuss, zudem bei freiem Eintritt, sind die sonntäglichen Orgelkonzerte (immer 17.30 Uhr) und die Mitternachtsmesse am Heiligen Abend. Jeden Juni gibt es während der »Nuit Blanche« 36 Stunden Rockmusik.

54 Das Kleinägypten
Hathor im Schneiderviertel

Nach dem siegreichen ersten Ägypten-Feldzug zogen Napoleon und seine Armee durch die Porte Saint-Denis nach Paris ein. Zu ihren Ehren wurde 1798 der kleine dreieckige Platz neben dem Stadttor umbenannt in Place du Caire. Im Haus Nummer 2 beginnt die Passage du Caire, die älteste überdachte Geschäftspassage von Paris aus dem Jahr 1806. Sie ist nicht nur die älteste, sondern mit knapp 400 Meter Länge bei 2,70 Metern Breite zugleich die längste und engste der Stadt. Die Passage besteht aus drei sich kreuzenden Strängen. Lange Jahre in bedauernswertem Zustand mit zerstörtem Glasdach, wird sie derzeit renoviert. Es steht zu hoffen, dass sie zu altem Glanz zurückfindet.

Das Haus Nummer 2 ist auch sonst ziemlich auffällig: Im zweiten Stock präsentiert die Fassade drei Porträts der ägyptischen Muttergottheit Hathor, mit ihrem Kuhkopf. Direkt darüber und unter dem Dachsims zwei Friese mit ägyptischen Reliefs. Während die Hathor-Köpfe sich weitgehend am ägyptischen Original orientieren, lässt sich das über die horizontalen Schmuckbänder weniger sagen. Das untere Relief bildet Szenen ägyptischer Schlachten ab, das obere erinnert nur noch vage an seine Vorbilder. Ganz im Zentrum eine Karikatur: Sie zeigt die gewaltige Nase des Malers Henri Bougenier. Unter dem rechten Hathor-Kopf die Signatur G. J. Garraud, 1828. Der berühmte Bildhauer zeichnete im Alter von erst 21 Jahren für die Fassade verantwortlich.

Das 2. Arrondissement ist das kleinste Pariser Quartier, das mit dem wenigsten Grün und dasjenige, das häufig, zu Unrecht, unterschätzt wird. Das gilt besonders für das alte Textilviertel Sentier rund um die Place du Caire, zwischen Sébastopol und Rue Montmartre. Jede Menge Stoff- und Kleiderläden, von ultrahip bis völlig aus der Zeit gefallen, im Stockwerk darüber Schneidereien und die Stofflager der Grossisten. Schon dafür lohnt der Besuch. Ebenso ein Abstecher ins Zentrum für digitale Kunst La Gaîté Lyrique in der Rue Papin.

Adresse 2, Place du Caire, 75002 Paris | **ÖPNV** Metro 3, Bus 20, 39, Station Sentier; Metro 4, Station Réaumur – Sébastopol | **Öffnungszeiten** Passage: Mo – Fr 7 – 18.30 Uhr | **Tipp** Die hufeisenförmige Rue des Forges ist Victor Hugos berühmter »Cour des Miracles« (Hof der Wunder). Im »Glöckner von Notre-Dame« als der Ort verewigt, an dem der Bettlerkönig lebt, Lahme wieder laufen und Blinde wieder sehen können.

55 Die Kleinigkeit
Der große Erfolg einer Wette

Im Süden des Bois de Boulogne, auf halbem Reitweg von Versailles nach Paris, liegt in einem mit künstlichen Grotten und Wasserfällen angelegten Park ein zweistöckiges Lustschlösschen, genannt »La Bagatelle« – die Kleinigkeit.

Der Graf von Artois – der spätere König Karl X. – hatte 1775 an dieser Stelle ein kleines, aber marodes Jagdschloss samt Ländereien gekauft. Zwei Jahre später forderte seine Schwägerin Marie Antoinette, Königin von Frankreich, Artois zu einer Wette um 100.000 Livres (heute zwischen einer halben und 1,5 Millionen Euro). Sie wettete, der Graf sei nicht in der Lage, binnen 100 Tagen – während sie zur Jagdsaison in Fontainebleau weilte – ein neues Schloss zu bauen, um dort einen Ball zur Feier ihrer Rückkehr zu veranstalten. Der Graf nahm die Wette an. Er requirierte knapp 1.000 Arbeiter und beschlagnahmte sämtliches Baumaterial, das eigentlich für Paris bestimmt war. Nach Plänen, die François-Joseph Bélanger angeblich innerhalb einer Nacht gezeichnet haben soll, begann der Bau am 21. September 1777. Exakt 64 Tage und durchgearbeitete Nächte später war er vollendet: das kleine rosafarbene Schlösschen, sämtliche Nebengebäude und Stallungen, die künstlichen Teiche und Seen, der Park mitsamt Pavillons. Dazu die Gartenanlage des Schotten Thomas Blaikie, die Blumenbeete und Sphingen vor den Eingängen, die Innenausstattung aus italienischem Marmor, die Möbel des berühmten Georges Jacob und selbst der Billardsaal. Gekostet hat das Ganze die damals unvorstellbare Summe von 3 Millionen Livres, mindestens. Aber die Wette war gewonnen. Am 26. November 1777 wurde »La Bagatelle« mit einem Ball eingeweiht.

Der Name »Kleinigkeit« ist im Übrigen keine sarkastische Anspielung auf den Baupreis, sondern vielmehr auf die Vorbesitzerin Madame d'Estrées gemünzt, die das Schloss für ihre zahlreichen Liebesabenteuer nutzte.

Adresse Route de Sèvres à Neuilly, 75016 Paris, Tel. +33 (0)1/53645380, www.paris.fr | ÖPNV Metro 1, Station Pont de Neuilly; Bus 43, 93, Station Place de Bagatelle; Bus 244, Station Bagatelle – Pré Catelan | Öffnungszeiten Park: täglich 9.30–20 Uhr, Schloss: nur geführt zu besichtigen, So und Feiertage 15 Uhr | Tipp Der weitläufige Park ist beliebt wegen seiner Pfauen. Berühmt ist er auch für seinen Rosengarten: Ab Mai blühen 1.200 verschiedene Sorten an 9.000 Stöcken und Büschen. Im Juni wird jährlich ein internationaler Concours für Neue Sorten veranstaltet.

56 Der Kolonialtempel
Der Wandel des Geschichtsbildes

Der mächtige, goldglänzende Art-déco-Palast des Architekten Albert Laprade war Zentralbau der Kolonialausstellung 1931. In nur anderthalb Jahren aus der Erde gestampft, sollte das Palais de la Porte Dorée den Beitrag zeigen, den die Kolonien in Afrika, Asien und Ozeanien zum Reichtum des Mutterlandes leisteten, und wie sie im Gegenzug dafür die Zivilisation erhielten – ganz der Ideologie jener Zeit entsprechend. Die Pracht sollte animieren, in die Kolonien zu investieren oder gleich dort zu arbeiten. Nur die besten Künstler zeichneten für die Ausstattung verantwortlich, ob Wandbilder, Mobiliar, Lampen oder Schmiedearbeiten, durchgängig Art déco.

24 schmale, hohe Säulen verleihen der Fassade die Anmutung eines antiken Tempels. Dahinter auf 1.100 Quadratmatern ein Flachrelief von Alfred Janniot, das gigantische exotische Pflanzen, Tiere und Menschen zeigt. Zu Kunst gewordene Propaganda, nach heutigen Vorstellungen alles andere als politisch korrekt. Im Zentrum ein quadratischer Saal über die gesamte Höhe des Gebäudes, von oben belichtet und mit Fresken von Ducos de La Haille bemalt. Um die Halle herum gruppieren sich auf drei Ebenen die Ausstellungsräume, dazu im Erdgeschoss zwei ovale Empfangssäle, der eine afrikanisch, der zweite asiatisch möbliert und dekoriert.

Imposant, große Kunst, aber zweifellos ideologisch fragwürdig, wurde das Gebäude mehrfach umgewidmet. Heute dient es als Museum für Integration nahezu dem Gegenteil seiner ursprünglichen Bestimmung. Und das funktioniert. Kluge Führungen erklären die Bildsprache von Fresken und Reliefs aus der Logik ihrer Zeit. Ausstellungen zur Geschichte der Migration finden hier ihren idealen Ort. Der große Saal und die Empfangshalle sind Zentrum für Tanz, Musik und Film, nicht nur für junge Leute aus den Ex-Kolonien: eine internationale, multikulturelle Begegnungsstätte. Ebenso die Außenbar unter der Kolonade.

Adresse 293, Avenue Daumesnil, 75012 Paris, Tel. +33 (0)1/53595860, www.palais-portedoree.fr | **ÖPNV** Metro 8, Tram T3a, Bus 46, Station Porte Dorée | **Öffnungszeiten** Di – Fr 10 – 17.30 Uhr, Sa, So 10 – 19 Uhr plus Konzerte | **Tipp** Das Tropenaquarium im Untergeschoss des Palastes gab es vom ersten Tag an. Es ist seitdem für Kinder und Erwachsene ein absolutes Muss. Um das zentrale Krokodilbecken herum zeigen große Aquarien die Unterwasserwelt der französischen Überseegebiete.

57 Das Kommunistenhaus
Oscar Niemeyer in Paris

Welcher Architekt hat die Chance, alle öffentlichen Gebäude für eine neue Hauptstadt zu entwerfen? Oscar Niemeyer (1907–2012) hatte sie und nutzte sie so eindrucksvoll, dass sein Brasilia zur Stilikone der Moderne und 1987 zum Weltkulturerbe wurde. Der eingeschriebene Kommunist Niemeyer musste allerdings seine Heimat zwei Jahre nach dem Militärputsch von 1964 noch während des Baus der Reißbrettstadt verlassen. Exil fand er in Paris. Hier entstand das Gros seiner nicht für Brasilien gedachten Entwürfe. Drei wurden in Paris realisiert: das Gewerkschaftshaus von Bobigny, das Haus der Tageszeitung »L'Humanité« in St.-Denis und der Sitz der Kommunistischen Partei.

Das sechsstöckige Haus am Platz des Résistance-Helden Colonel Fabien ist geschwungen wie eine wehende Fahne und erfüllt damit Niemeyers Credo, gerade Linien seien hässlich und unnatürlich, öder, rechtwinkliger Funktionalismus statt phantasievoller Kurven und Träume. Niemeyer hat das Haus nicht nur ohne Vorgaben, sondern auch umsonst geplant. Vom Platz aus steigt ein welliger Grashügel zum Gebäude hin an. Verborgen unter dem Hügel liegt der zentrale Sitzungssaal der Kommunistischen Partei Frankreichs. Die asymmetrische weiße Kuppel vor dem Haupteingang ist die Decke des unterirdischen Saals. Der Haupteingang führt hinunter in den Hang und in eine offene Halle, von der aus verschiedene Bereiche erschlossen werden. Harmonische Abläufe für die arbeitenden Menschen waren Niemeyers Ziel ebenso wie Harmonie zwischen Innen- und Außenbereich. So verlängern die grünen Teppichböden die Grasflächen nach innen. Im obersten Stock residiert nicht etwa das ZK, sondern die Kantine – mit Blick über die ganze Stadt. Alle Linien im Gebäude sind rund, organisch. Es erinnert an die Raumschiffe in Filmen der 60er Jahre. So spannend, dass »Prada« es mietete, um hier eine neue Modekollektion vorzustellen.

Adresse 2, Place du Colonel Fabien, 75019 Paris, Tel. +33 (0)1/40401212, www.pcf.fr, www.espace-niemeyer.fr | **ÖPNV** Metro 2, Bus 26, 26, 75, Station Colonel Fabien | **Öffnungszeiten** 3. Wochenende im Sept. an den »Jours du Patrimoine« (Tage des offenen Denkmals) und persönliche Anmeldung über www.espace-niemeyer.fr | **Tipp** Das Centre Pompidou von Renzo Piano und Richard Rogers ist großartiges Museum, Touristenmagnet und Architekturikone in einem und bietet einen tollen Ausblick über die Stadt. Dazu der wunderbare Strawinski-Brunnen von Niki de Saint-Phalle und Jean Tinguely.

58 Die Künstlerkantine
Berühmte Maler und die Villa Vassilieff

Maria Ivanovna Vassilieva (1884–1957) war zu Beginn des 20. Jahrhunderts eine der schillerndsten Persönlichkeiten der Pariser Kunstszene. Viele Geschichten kursieren über sie, manche von ihr selbst in Umlauf gebracht, nicht alles lässt sich nachprüfen. So viel doch: Die Vassilieva studierte an der Kunstakademie St. Petersburg. 1905 und 1907 reiste sie zu Studienzwecken nach Paris, lernte Henri Matisse kennen und wurde seine Schülerin. Als anerkannte Malerin und wichtigste weibliche Vertreterin des Kubismus eröffnete sie um 1911 in Paris eine eigene Akademie sowie ein Atelier in der Avenue du Maine. Sie hatte die Mittel, ihr Atelier während des Weltkriegs von 1915 bis 1918 zur Kantine mit warmem Essen für verarmte Künstler zu machen, darunter so illustre Namen wie Marc Chagall, Georges Braque, Pablo Picasso und Amedeo Modigliani.

Die »Villa Vassilieff« eröffnet Besuchern heute einen Einblick in die häufig versteckte, aber typische Architektur von Paris. Hinter dem zur Hauptstraße gelegenen Tor verbirgt sich eine schmale gepflasterte Gasse, mehr ein Hof; an beiden Seiten gesäumt von zwei- bis dreistöckigen einfachen Gebäuden, gleichzeitig als Wohnhaus, Atelier und Werkstatt dienend. Eine kleine abgeschlossene Welt für sich. Manchmal gepflegtes Refugium im Trubel der Stadt, romantisch, manch andere heruntergekommen, ja ärmlich. Die meisten Häuser bieten keinen modernen Standard, sondern den des vergangenen, ja vorvergangenen Jahrhunderts. Bevor dieser Hof zu Ateliers umfunktioniert wurde, war er Poststation. Seit 2016 im Besitz der Stadt Paris, ist er nun zugleich Museum und temporäres Künstleratelier.

Marie Vassilieff ist heute als Malerin nahezu vergessen und vor allem für ihre Kantine und ihre Liaison mit Diego Rivera (dem späteren Ehemann von Frida Kahlo) bekannt. Zu ihrer Zeit widmete man ihr Einzelausstellungen von Paris über London bis zum Guggenheim in New York.

Adresse 21, Avenue du Maine, 75015 Paris, Tel. +33 (0)1/43258832, www.villavassilieff.net | **ÖPNV** Metro 4, 6, 12, 13, Bus 58, 91, 92, 94, 95, Station Gare Montparnasse | **Öffnungszeiten** Mo–Sa 11–19 Uhr | **Tipp** Es ist nicht ganz einfach, Bilder von Marie Vassilieff in Museen zu finden. Zwei lassen sich auf den Säulen des Restaurants »La Coupole« bewundern: »Der Flötespieler« und die »Schwarze Jungfrau«.

59 Die Kugel
»La Seine Musicale« auf der Île Seguin

»Wenn Renault hustet, ist Frankreich erkältet«, so das geflügelte Wort über das Stammwerk von Renault, das von 1929 bis 1992 auf der Île Seguin stand. Die großen Arbeiterstreiks sind Teil der Nationalgeschichte.

So recht wusste nach dem Ende der Automobilhistorie niemand etwas mit den 11,5 Hektar Insel anzufangen. Viele Projekte, kein Ergebnis. 2010 legte Jean Nouvel einen Masterplan zur Neubebauung in drei getrennten Abschnitten vor. Fertig ist nur die Inselspitze: Die Glaskugel von »La Seine Musicale« ist die größte und modernste Konzerthalle Frankreichs und zu jeder Tages- und Nachtzeit ein Hingucker. In nur drei Jahren entstand für rund 160 Millionen Euro die zweite gemeinsame Arbeit der Architekten Shigeru Ban und Jean de Gastines: auf der Spitze eines knapp 300 Meter langen Sockels aus grauem Beton thront eine gläserne Kugel – manche sagen Perle –, um die herum sich ein Segel aus photovoltaischen Zellen dreht. Ein tolles Ding. Man fühlt sich an ein Fabergé-Ei erinnert oder ein Ufo. Das hängt auch vom Standpunkt ab. Nur aus der Luft ist der Bau als Ganzes zu sehen, von der Insel aus zeigen sich immer nur Teilansichten. In der Kugel befindet sich das Auditorium, ein Konzertsaal, konstruiert aus sechseckigen Holzwaben, für 1.150 Besucher; im Sockel der große Saal (»Grande Seine«) für 2.500 bis 6.200 Zuschauer. Der über eine monumentale Freitreppe begehbare Bellini-Garten darüber bietet Aussichten auf Glaskugel, Sonnensegel und Fluss – im Sommer bis spätabends.

Auch im Inneren ist die Gestaltung spannend: zunächst ganz nüchtern, rechtwinklige Flächen, Glas und Beton. Tiefer im Raum dann Pfeiler, die schräg zur Decke streben. Millionen grüner Mosaiksteine lassen die runden Wände schimmern wie Reptilienhaut. Eröffnet wurde die Konzerthalle mit einem Dylan-Konzert. Im Dezember 2017 wurde hier das Pariser Abkommen zum Weltklima beschlossen.

Adresse Île Seguin, 92100 Boulogne-Billancourt, Tel. +33 (0)1/74345400, www.laseinemusicale.fr | **ÖPNV** Metro 9, Bus 160, 169, 171, 179, 467, Station Pont de Sèvres | **Öffnungszeiten** Di–Sa 11–19 Uhr; Bellini-Garten: Mi–So 11 Uhr–Sonnenuntergang | **Tipp** Das Programm umfasst Klassik, Chanson, Rock- und Weltmusik. Es gibt fast immer auch günstige Karten, nicht nur für die Konzerte sonntags um 11 Uhr (»Le Classique du Dimanche«). Im »Nubia« sonntags ab 11 Uhr: Brunch mit Livemusik, anschließend Salsa.

60 Das Kultkino
Von René Clair bis von Sternberg

Ein Kino wie dieses kann es eigentlich nicht mehr geben. Ein einziger Saal mit 122 Plätzen, alles rote Samtsessel, zum Teil auf einem Balkon, von dessen vordersten Plätzen man fast schon die Leinwand berühren kann: das »Studio des Ursulines« im Quartier Latin. Gegründet 1925 von den beiden Schauspielern Laurence Myrga und Armand Tallier, ist es eines der ältesten Programmkinos der Stadt. Bei der ersten Vorstellung am 21. Januar 1926 saßen André Breton, René Clair, Man Ray und Robert Desnos im Publikum; gezeigt wurden der dadaistische Kurzfilm »Entr'acte« von René Clair und »Die freudlose Gasse« von G. W. Pabst, in den Hauptrollen Greta Garbo und Asta Nielsen.

Das »Ursulines« war dem Kunst- und Autorenfilm verpflichtet, Filme liefen im Original, ob mit oder ohne Untertitel. Viele Filmklassiker feierten hier Frankreich-Premiere: Erich von Stroheims »Gier«, Josef von Sternbergs »Der Blaue Engel«, Roberto Rosselinis »Amore«. Man konnte Werke von Buñuel, Bergman oder Wajda sehen, lange bevor sie berühmt wurden. François Truffaut drehte im Saal eine der Schlussszenen von »Jules und Jim«.

Ruhm und Ehre sind das eine, aber um zu überleben, braucht ein Kino Zuschauer. Und selbst im kinobegeisterten Paris ist das allein mit Autorenfilmen kaum zu schaffen, zumal in einem so kleinen Saal. Direktor Florian Deleporte musste sich etwas einfallen lassen. Seit 2003 widmet sich das »Studio des Ursulines« tagsüber dem anspruchsvollen Kinder- und Jugendfilm, zieht sich also sozusagen sein eigenes Publikum heran. Auch abends laufen Animationsfilme, eine Spezialität und Alleinstellungsmerkmal in ganz Paris. Zudem wird das Kino durch Cine-Clubs von Filmenthusiasten bespielt: mit Klassikern oder Neuheiten, bisweilen in Anwesenheit von Produzent oder Regisseur, häufig mit anschließender Diskussion, ob im Kino selbst oder in der Kneipe nebenan. Das Kino lebt. Denn die Pariser sind (noch) begeisterte Kinogänger.

Adresse 10, Rue des Ursulines, 75005 Paris, Tel. +33 (0)1/56811520, www.studiodesursulines.com | **ÖPNV** Metro 7, Station Place Monge; RER B, Station Luxembourg; Bus 21, 27, Station Feulliantines; Bus 38, 82, Station Auguste Comte | **Öffnungszeiten** wechselnd, wöchentlich im Netz aktualisiert | **Tipp** Die größte Leinwand hat der Art-déco-Kinopalast »Grand Rex«; das »Le Champo« ist berühmt für seine nächtlichen Triple-Features; die ägyptische Fassade des »Luxor« ist zum Niederknien schön, und vielleicht wird das »La Pagode« nach der Renovierung ja auch wieder ein Kino.

61 Das Kulturzentrum
Musik und Tanz auf den Ruinen der Templer

Bau – Abriss – Neubau, Kreislauf der Stadtgeschichte. Ein besonderes Beispiel ist der Bezirk der Tempelritter. Zu Beginn des 12. Jahrhunderts schenkte König Ludwig der Dicke den Templern acht Hektar Land, damals außerhalb der Stadt im nördlichen Marais. Die Ritter ummauerten das Areal, errichteten eine Burg mit Kirche, Donjon und Wohnhäusern. Anfang des 14. Jahrhunderts wurde der Orden der Ketzerei beschuldigt und aufgelöst, der letzte Großmeister auf dem Scheiterhaufen verbrannt. Burg und alle Privilegien der Templer (Steuerprivileg, Kirchenasyl, Zunftfreiheit) gingen über auf den Hospitalorden der Johanniter, auch als Malteser bekannt. Wegen dieser Privilegien wurde das Gebiet Fluchtpunkt für Verfolgte und Glücksritter aller Art, der religiöse Bezirk erlangte den Ruf eines »Sündenpfuhls«.

Der Donjon diente 1792 als Kerker für die königliche Familie, bis zu deren Hinrichtung. Danach ließ Napoleon das Viertel planieren. Kein Stein blieb auf dem anderen. Nur die althergebrachten Privilegien, die blieben weiter und eine kurz zuvor gebaute Markthalle, die »Rotonde du Temple«. Da die Steuerfreiheit gute Gewinne versprach, entstand ein riesiger Markt, vier Fachwerkhallen, knapp 2.000 Stände; dazu eine Freifläche für Secondhand-Artikel (bis 1946 in Betrieb). 1863 wurden Rotunde und Hallen abgerissen und durch eine imposante Konstruktion aus Glas, Eisen und Ziegeln ersetzt. 100 Jahre später (1976) plante der Bürgermeister, erneut alles zu planieren, dieses Mal, um Parkplätze zu schaffen. Eine Bürgerinitiative verhinderte das, rettete zwei der schönen Hallen.

Darin wurde 2014 nach zehnjähriger Bauzeit das heutige Kulturzentrum eröffnet. Ein Schmuckstück. Enorm viel Platz in einem einzigartigen Raum für Zirkus und Konzerte, Mode- und Kulturevents, vor allem aber Sport, Tanz und Bewegung aller Art. Der Name »Templerfeld« hält die Erinnerung wach.

Adresse 4, Rue Eugène Spuler, 75003 Paris, Tel. +33 (0)1/83819330, www.carreaudutemple.eu | ÖPNV Metro 3, Station Temple; Metro 5, 8, 9, 11, Station République; Bus 20, 75, Station Square du Temple | Öffnungszeiten Mo–Sa 9–20 Uhr, plus Abendveranstaltungen | Tipp Ein Schmuckstück ist auch das benachbarte Zollgebäude in der Rue Perrée 14. Zum Essen geht man auf den »Marché des Enfants Rouges«, benannt nach der Farbe der Uniform der Waisenkinder aus dem Viertel. Der Markt besteht durchgängig seit 1615.

62 Die Leichenhalle
Kultur an sehr speziellem Ort

Georges Darboy (1813–1871), liberaler Erzbischof von Paris und Gegner des Unfehlbarkeitsdogmas, gab 1870 den Auftrag, auf einem Gelände zwischen den Schienen der Gare de l'Est und dem Schlachthof eine große Halle für die *pompes funèbres*, die Bestatter von Paris zu bauen. Unter der Aufsicht des berühmten Architekten Victor Baltard (1805–1874) entstand klassische Industriearchitektur: Stahlgerüst, Glasdach, Backstein. Darin Sargtischlereien, Räume zur Aufbahrung der Toten, Stallungen für Pferde und Garagen für Leichenwagen. Hier arbeiteten bis zu 1.000 Menschen, 120 Jahre lang. Zuletzt wurden die Gefallenen des Indochinakrieges hierher überführt.

Danach wurden so gewaltige Leichenhallen nicht mehr benötigt. Die Folge: Leerstand und Verfall, Drogenstrich. Erst zu Beginn des neuen Jahrtausends gab es sinnvolle Konzepte. 2008 wurde das »Centquatre – 104« als Kulturzentrum neu in Betrieb genommen. Heute finden hier Konzerte und Theaterfestivals statt, in den großen Hallen wie den kleineren Sälen. Es gibt Tanzkurse und Ballett-Aufführungen, Ausstellungen, Zirkus und vieles mehr. Das »104« ist Begegnungsstätte und Nachbarschaftszentrum mit Bibliothek und Secondhand-Laden, mit Aktivitäten für Kinder, Cafés, Streetfood-Truck und Restaurant. Es gibt Kurse von Qi Gong bis Hip-Hop und unter der Bezeichnung »Le Cinq« auch unterschiedliche Ausbildungsangebote, von Nähen bis Spracherwerb.

Zur Wahrheit gehört allerdings auch, dass das Projekt in den ersten Jahren gewaltige Defizite produzierte. Unter neuer Leitung stieg nach 2010 die Akzeptanz im Viertel spürbar an. Inzwischen ist das »104« eine Institution und weder aus dem sozialen Leben der Menschen in der unmittelbaren Umgebung noch dem Kulturkalender der Stadt wegzudenken. Und für Besucher ist es die Chance, ein schönes Gebäude, ein Denkmal und lebendige Kultur kennenzulernen.

Adresse 5, Rue Curial, 75019 Paris, Tel. +33 (0)1/53355001, www.104.fr | **ÖPNV** Metro 2, 5, Station Stalingrad; Metro 7, Bus 45, 54, Station Riquet | **Öffnungszeiten** Di–Fr 12–19 Uhr, Sa, So 11–19 Uhr plus Veranstaltungen | **Tipp** Zwei Gärten fassen die Gleisanlage Richtung Gare de l'Est ein. Der Parc Jardin d'Éole direkt vor dem »104« und auf der anderen Seite, zum Teil in der ehemaligen »Halle Pajol«, die Jardins Rosa-Luxemburg.

63 Die Maison La Roche
Le Corbusier in Paris

Ein wenig muss man suchen, um im noblen Pariser Südwesten fündig zu werden. Ganz am Ende einer kleinen Gasse, im Wendehammer, steht die »Villa La Roche«, entworfen und gebaut von 1923 bis 1925 für den Schweizer Banker und Kunstsammler Raoul la Roche von Pierre und Charles-Édouard Jeanneret, genannt Le Corbusier. Genau genommen handelt es sich um zwei Bauwerke, denn auch die anschließende »Villa Jeanneret« ist das Werk von Le Corbusier und seinem Vetter Pierre. Zusammen beherbergen sie heute die »Fondation Le Corbusier«, sind frühe Zeugen der extrem puristischen Formensprache, innen und außen prägend die Lichtbänder in den Betonwänden. Dazu klare, fast kubistisch-geometrische Grundformen, eine offene Struktur, zwei Treppen, die Erdgeschoss und Galerie verbinden. Die »Villa La Roche« war erkennbar konzipiert, um die Sammlung moderner Malerei ihres Besitzers zur Geltung zu bringen. Auch nach der Renovierung sollen die ebenfalls vom Schweizer Stararchitekten entworfenen Möbel erneut aufgestellt werden.

Das Pseudonym Le Corbusier legte sich Jeanneret 1920 zu, zunächst für seine theoretischen Schriften. Drei Jahre zuvor war er endgültig nach Paris übergesiedelt. Auch deshalb finden sich ein gutes Dutzend Bauwerke von Le Corbusier in Paris und der unmittelbaren Umgebung, unter anderem sein Atelier in der Rue Nungesser et Coli 24, gleich um die Ecke. Es kann besichtigt werden; ebenso der »Pavillon Suisse« und das »Maison du Brésil« in der Cité Universitaire. 2016 wurden 17 seiner Bauwerke zum Weltkulturerbe deklariert.

So unbestritten der Ruf von Le Corbusier als Architekt und Städteplaner ist, so fragwürdig seine politischen Äußerungen. Ursprünglich eher der Linken zuneigend, zeigte er sich in den 1940er Jahren als Vichy-Anhänger und Hitler-Sympathisant. Auch die Idee, ganze Städte niederzureißen, um neu zu bauen, teilte er mit Hitler.

Adresse 10, Square du Docteur Blanche, 75016 Paris; Tel. +33 (0)1/42884253, www.fondationlecorbusier.fr | **ÖPNV** Metro 9, 10, Station Michel-Ange – Auteuil; Bus 52, Station Mozart – La Fontaine | **Öffnungszeiten** Mo 13.30–18 Uhr, Di–Sa 10–12.30 und 13.30–18 Uhr | **Tipp** Wer die Zeit hat, sollte die »Villa Savoye« in Poissy besuchen (RERA und Bus 50). Das »Sommerhaus« ist die konsequenteste Umsetzung von Le Corbusiers Formensprache und gilt als eines der fünf bedeutendsten Wohnhäuser der Moderne.

64 Das Marionettentheater
Die Guignols de Paris spielen nicht nur für Kinder

Die Figur des Guignol entspricht dem deutschen Kasper, wurde 1808 von Laurent Mourguet in Lyon erfunden und ist eigentlich gar keine Marionette, sondern eine Handpuppe. Damit genug der Theorie. Puppentheater muss laut sein und Spaß machen, im besten Fall ist es brüllkomisch; die Geschichten müssen Dreijährigen einleuchten und Erwachsene zu Tränen rühren; es ist immer ein bisschen anarchisch: Die Kleinen verhauen die Großen und Mächtigen, und Schluss kann erst sein, wenn das Gute gesiegt hat. So will es die Logik von Märchen und Commedia dell'arte. Und das sind die Eltern des Puppentheaters.

So erklärt Michel-Henri Rank, Puppenspieler und Besitzer eines der schönsten Guignol-Theater von Paris, sein Metier. Und dann sagt er noch: Kinder müssen träumen. Sie müssen die Lust am Theater lernen. Wer nur den Bildschirm kennt, geht als Erwachsener auch nicht ins Theater. Wer nie Kasper vor dem Krokodil gewarnt hat, glaubt auch später nicht, dass es hilft, sich einzumischen.

Sein Theater ist ein Traum en miniature: Ein beheizter Pavillon am See im Park Montsouris. Darin 80 rote Ledersessel in Kindergröße – Eltern sitzen am Rand. Bühnenkasten und Bühnenbild sind kunstvoll gemalt zwischen Jugendstil und Art déco, die Puppen handgefertigt: Peter Pan und Captain Hook, Pinocchio, der gestiefelte Kater oder der Nussknacker. Jede Vorstellung dauert circa 40 Minuten, immer live gespielt und gesprochen von Monsieur Rank und seiner Frau. Rund 18.000 Zuschauer kommen pro Jahr, Subventionen gibt es keine. Dafür ist der Eintritt von fünf Euro geradezu geschenkt. Die Ranks bespielen zwei weitere Puppentheater in Paris, unter freiem Himmel im Parc Monceau und Sohn Baptiste seit 2009 das im Parc des Buttes-Chaumont. Wer sich besser amüsiert, Kinder oder Erwachsene, ist schwer zu beurteilen. Wer kinderlos ist und sich nicht allein traut, muss ein Kind von Freunden leihen.

Adresse Théâtre Guignol Parc Montsouris, 23 bis, Avenue Reille, 75014 Paris, Tel. +33 (0)6/07778542, www.guignol-parcmontsouris.com | **ÖPNV** Metro 4, 6, Station Denfert-Rocherau; RER B, Station Cité Universitaire; Bus 21, 88, Station Parc Montsouris | **Öffnungszeiten** Vorführungen: Fr 15.15 Uhr, Sa, So und Feiertage 11.15 und 15.15 Uhr | **Tipp** Der Parc Montsouris ist ein innerstädtisches Erholungsgebiet: ein kleiner See, Liege- und Spielwiesen, Ponyreiten und Karussells für Kinder, ein schönes Restaurant. Park und Bauten der direkt angrenzenden Cité Universitaire lohnen ebenfalls den Besuch.

65 Die Mauer
Jedes Jahr im Mai – die »Mur des Fédérés«

An dieser Mauer in der hintersten Ecke des Friedhofs Père Lachaise endete am 28. Mai 1871 die »Commune de Paris«: 147 Kommunarden, die letzten Kämpfer der ersten Räterepublik, wurden hier ermordet und in Massengräbern verscharrt. Für die einen das Ende eines illegitimen Aufstands gegen eine gewählte Regierung, für andere Fanal der Freiheit, hoch umstritten bis heute.

Das Ende des Französisch-Deutschen Kriegs 1870/71 erzwangen deutsche Truppen vor Paris. Das französische Kaiserreich musste kapitulieren. Wilhelm I. wurde in Versailles zum Deutschen Kaiser gekrönt, General Thiers nach den Wahlen vom 8. Februar zum provisorischen Staatsoberhaupt Frankreichs erklärt. In Paris revoltierten die Arbeiter: Im Krieg von Thiers verheizt, nun hungernd und mit hohen Steuern für die Lasten der Kapitulation belegt, weigerten sie sich hinzunehmen, dass die Armee die Kanonen von Montmartre, dort, wo heute Sacré-Cœur steht – abzieht. Die Regierung Thiers floh nach Versailles. Über Paris wehten rote Fahnen. Es gab Wahlen: Die Commune gewann, proklamierte das allgemeine Wahlrecht, die Gleichstellung der Frau (mit gleichem Lohn), die Trennung von Kirche und Staat, das Verbot der Prostitution. Doch der Aufstand blieb auf Paris begrenzt. Wenige Städte schlossen sich an, und deren Revolte (außer in Lyon) wurde im Keim erstickt. In der »Blutigen Woche« vom 21. bis 28. Mai eroberte die hoch überlegene Armee Paris im Straßenkampf. Blutig nicht wegen der 70 hingerichteten Kollaborateure, der 100 Soldaten oder 900 Männer und Frauen, die auf den Barrikaden starben, sondern weil die Armee danach wütete. 46.000 Menschen wurden willkürlich verhaftet, 10.000 nach Neukaledonien deportiert und mindestens 20.000 Menschen erschossen.

Jedes Jahr findet am 28. Mai eine Demonstration zu Ehren derer statt, die an der Mauer der Kommunarden ermordet wurden. Dann wehen rote Fahnen, direkt neben den Gedenkstätten für die Ermordeten der Nazi-KZs.

Adresse Père Lachaise, Avenue Circulaire, südöstliche Ecke, 75020 Paris, www.pere-lachaise.com | **ÖPNV** Metro 2, 3, Bus 61, 69, Station Père Lachaise; Bus 26, 64, Station Ramus | **Öffnungszeiten** täglich 8–18 Uhr, So 9–18 Uhr, Nov.–März nur bis 17.30 Uhr | **Tipp** Père Lachaise lohnt immer: Der Park ist schön. Zudem letzte Ruhestätte für unzählige Berühmtheiten: die Callas, Camus, Chopin, Bécaud, Colette und Max Ernst, Molière, Oscar Wilde, Modigliani und Jim Morrison, Yves Montand, Edith Piaf, Marcel Proust, Gertrude Stein – und selbst Adolphe Thiers.

66 Die Mediathek
Ein ehemaliges Gefängnis als Ort der Bildung

Im Sommer 2015 wurde die »Médiathèque Françoise Sagan« eingeweiht. Die zweitgrößte öffentliche Bibliothek von Paris. Auf fünf Stockwerken mit 2.500 Quadratmetern Fläche bietet sie über 100.000 Bücher, Filme, DVDs, Comics; dazu kommen Lese- und Kinoräume und eine einzigartige Abteilung für Kinderliteratur. Sie allein mit einem Bestand von 30.000 Bänden. So weit, so normal.

Gar nicht normal ist das Gebäude selbst, ein ehemaliges Kloster mit bewegter Geschichte. Schon im 12. Jahrhundert war der Ort mitten im Sumpfgebiet eine *encloserie*, ein umbautes, abgeschlossenes Gelände. Hier wurden die Leprakranken von Paris weggeschlossen. Ab 1632 diente es für die folgenden 150 Jahre als Kloster des katholischen Männerordens der Lazaristen. Während der Revolution 1789 wurde der Kirchenbesitz in ganz Frankreich enteignet. Aus dem Kloster Saint-Lazare wurde ein Gefängnis. Nicht irgendeines: Der Marquis de Sade war hier eingekerkert, der Dichter André Chenier bis zu seiner Guillotinierung (1794) gemeinsam mit 164 weiteren Insassen. Nach 1811 wurde das Haus zum Frauengefängnis, unter anderem für Mata Hari, die Anarchistin Louise Michel und die sagenhafte Betrügerin Marthe Hanau. Im Krieg teilweise zerstört, dienten Reste des Gebäudekomplexes bis in die 1990er Jahre als Klinikum vor allem für Prostituierte mit Geschlechtskrankheiten.

Das neue Jahrtausend bringt den Neubeginn. Auf dem riesigen Gelände entstehen zunächst Schulen und Kindergärten. Schließlich bauen die Architekten Stéphane Bigoni und Antoine Montemard die Mediathek. Sie erhalten die strenge Struktur, erneuern Zerstörtes nach alten Vorgaben, aber der große Wurf ist ihr Innenhof mit Palmen und Wegen, inspiriert von Klöstern am Mittelmeer und maurischen Gärten. Einfach umwerfend.

Obwohl riesig, sind die Zugänge zum Gelände nicht ganz einfach zu finden. Folgen Sie einfach den Kindern.

Adresse 8, Rue Léon Schwartzenberg, 75010 Paris, (Carré historique du clos Saint-Lazare), Tel. +33 (0)1/53246970, mediatheque.francoise-sagan@paris.fr | ÖPNV Metro 4, 5, 7, Bus 30, 31, 32, 35, 47, Station Gare de l'Est | Öffnungszeiten Di, Do, Fr 13–19 Uhr, Mi 10–19 Uhr, Sa 10–18 Uhr, So 13–18 Uhr, Mo Ruhetag | Tipp Die katholische Kirche Notre-Dame-de-l'Arche-d'Alliance (Rue d'Alleray 81) aus dem Jahr 1986 ist nicht mehr ganz neu, aber das modernste Kirchengebäude der Stadt. Der eindrucksvolle rotbraune Metallkubus von 18 mal 18 mal 18 Metern, beauftragt durch Erzbischof Jean-Marie Lustiger, symbolisiert die Verbindung von Christen und Juden.

67 Das Medizinmuseum
Skurrilitäten in historischem Ambiente

Der große, zweistöckige Raum wirkt mehr als gediegen: dunkle, holzgetäfelte Wände, altes Parkett, schmiedeeiserne Balustraden. Dazu Bilder und Büsten berühmter Ärzte. In die Wände eingelassen sind Vitrinen. Darin wird relativ chronologisch eine der weltweit ältesten Sammlungen an medizinischen Instrumenten, Prothesen, Hilfsmitteln und Lehrmaterialien präsentiert. Manches Objekt auch ziemlich skurril, wie zum Beispiel ein runder Tisch, in den als Intarsien menschliche Knochen, Innereien und ein Fuß eingelegt sind. Es handelt sich aber ausdrücklich nicht um ein Monstrositätenkabinett. Es werden auch nicht Präparate besonders schauriger Missbildungen gezeigt, sondern die Geschichte der Medizin, besonders der Chirurgie. Und das an berufenem Ort.

Das Museum befindet sich in der zweiten Etage der medizinischen Fakultät der Pariser Université René Descartes. Die letzten Stufen führen über eine unscheinbare Holztreppe. Aber der Weg bis dorthin, vom Eingang des Gebäudes durch das säulengeschmückte Portal und durch die enormen Hallen der altehrwürdigen Institution, ist schon ziemlich beeindruckend. Marmorbüsten berühmter Mediziner säumen den Weg zu einer gewaltigen Treppe. Stein gewordener Anspruch auf Gelehrsamkeit und Macht. Allein dafür lohnt die Visite. Tatsächlich gibt es die Universität in ihrem heutigen Zuschnitt erst seit 1971, das Gebäude ist aber bereits im 18. Jahrhundert Sitz des »Collège de Chirurgie« gewesen. Hier wird seit über 200 Jahren Medizin gelehrt. Es gibt mehrere alte Hörsäle (leider nicht immer geöffnet) und die gemeinsame Bibliothek aller Medizinfakultäten von Paris.

In der Straße wurde auch sonst reichlich Geschichte geschrieben. Im Haus Nummer 5 wurde 1844 Sarah Bernhardt geboren und im Eckhaus Nummer 20 Jean-Paul Marat am 13. Juli 1793 ermordet. Die »Librairie Alain Brieux« in der Rue Jacob 48 ist spezialisiert auf alte Medizinbücher – ebenfalls sehr skurril.

Adresse 12, Rue de l'École de Médecine, 75016 Paris, Tel. +33 (0)1/76531693, www.parisdescartes.fr | ÖPNV Metro 4, 10, Station Odéon; Bus 58, 63, 70, 86, 87, 96, Station Saint-Germain – Odéon | Öffnungszeiten Mo–Mi, Fr, Sa 14–17.30 Uhr | Tipp Zwischen den Nummern 4 und 6 der Rue Saint-Sèverin beginnt die Impasse Salembrière. Die Sackgasse aus dem 13. Jahrhundert konkurriert mit der Rue du Chat qui Pêche und der Rue Xavier Privas darum, die schmalste der Stadt zu sein.

68 Die Menschenrechte
200 Jahre sind nicht genug

Wo Menschen Freiheit und Gerechtigkeit fordern, berufen sie sich, ob wissentlich oder nicht, auf die französische Nationalversammlung 1789. Die verabschiedete am 26. August 1789 in 17 Paragrafen plus Präambel die »Déclaration des Droits de l'Homme et du Citoyen«, die Erklärung der Menschen- und Bürgerrechte. 200 Jahre später beging Frankreich unter Präsident François Mitterrand den Jahrestag der Revolution mit großem Pomp und der Einweihung dreier berühmter Monumentalbauten: Louvre-Glaspyramide, Bastille-Oper, Grande Arche.

Deutlich kleiner ist ein Denkmal auf dem Marsfeld (Champs du Mars), geschaffen von Yvan Theimer, beauftragt vom damaligen Bürgermeister der Stadt Paris, Jacques Chirac, und ausdrücklich dem Jahrestag der Erklärung der Menschenrechte gewidmet. Auf einem zweistufigen Steinsockel steht ein sich verjüngender, in sechs Meter Höhe abgeschnittener Quader, dessen Seitenflächen sehr unterschiedlich gestaltet sind. Davor zwei Bronzeobelisken und vier Figuren: zwei einzelne Männer, eine Frau mit Kind. Auf der Vorderseite eingraviert die Widmung zum 200. Jahrestag der Erklärung der Menschen- und Bürgerrechte, auf den Seitenflächen die Namen der zwölf Hauptstädte der damaligen Europäischen Gemeinschaft. Die Obelisken, die Sockel der Statuen und die Seitenflächen des Quaders sind mit Bronzeplaketten, Inschriften und Sgraffiti verziert. Viel Symbolik, manches deutlich freimaurerisch, alles sehr schwer zu entziffern – die Tafel mit der Erklärung der Menschenrechte könnte auch die biblischen Tafeln mit den Zehn Geboten darstellen. Die Tür auf der Rückseite des Bauwerks, reich verziert mit Szenen der Revolution, aber ohne Griff, Schloss oder Angeln, trägt auch nicht viel zur Entschlüsselung der Botschaft bei. Und so gehen die meisten Menschen achtlos vorbei, ohne das Denkmal für die Menschenrechte zu würdigen, erst recht, ohne darüber nachzudenken.

Adresse Champs du Mars – Avenue Charles Risler, 75007 Paris | **ÖPNV** Metro 8, Bus 80, Station École Militaire; Bus 42, 69, 87, Station Rapp – La Bourdonnais | **Tipp** Fünf mit Platin-Gold überzogene Zwiebeltürme glänzen seit 2016 an der Pont de l'Alma über »Sankt Wladimir«, der nur 450 Quadratmeter großen, bildschönen Dreifaltigkeitskirche. Ex-Präsident Sarkozy hatte das Gelände für 70 Millionen Euro an Russland verkauft. Der Bau kostete weitere 100 Millionen.

69 Der Menschenzoo
Ein romantischer Garten mit düsterer Geschichte

Tief im Osten von Paris, am Ende des Bois de Vincennes, finden Spaziergänger unverhofft einen tropischen Garten: darin verfallende Gebäude, ein Stupa und buddhistisch anmutende Tempelbauten, ein paar Denkmale, gewidmet den »für Frankreich gefallenen Soldaten« aus Französisch-Indochina, Laos, Kambodscha und Vietnam. Es gibt auch Erklärtafeln für die Zeit, als hier Lazarette für die Soldaten standen, die aus den Kolonien zurückkehrten. Was es dagegen nicht gibt, ist ein Denkmal für die Menschen, die hier zuvor leben mussten.

Was heute Garten und Forschungszentrum für tropische Landwirtschaft ist, war einmal Ausstellungsgelände. Genauer: ein Zoo für Menschen. Von 1899 bis 1907 mit sechs Bereichen: Sudan, Kongo, Madagaskar, Marokko, Tunesien und Indochina, jeweils mit Pflanzen, Tieren und Menschen. Die mussten darstellen, wie sich das Bürgertum das Leben in diesen Weltregionen vorstellte: Schwarzafrikaner waren wilde Tänzer und Menschenfresser, fast nackt selbst im Winter. Unrechtsbewusstsein – Fehlanzeige. Im Gegenteil: Sogenannte »Völkerschauen« waren Ende des 19. Jahrhunderts große Mode in Europa. Allein in Paris gab es zwei weitere: den »Jardin d'Acclimatation« im Bois de Boulogne und während der Weltausstellung 1889 eine andere, direkt unter dem Eiffelturm, bei der Inuit und Lappen auch im Sommer Felle trugen. Pioniere dieser Idee waren Carl Hagenbeck und Buffalo Bill Cody.

Manche der vorgeführten Menschen waren Gefangene, bei »Tierfängern« bestellt. Männer, Frauen und Kinder, um »echtes Familienleben« vorzuführen. Andere waren Schauspieler, angestellt und bezahlt. Im Dorf unter dem Eiffelturm verdingten sich Sinti, Italiener oder Bulgaren, stellten arabische Basarhändler, Indianer oder Höhlenmenschen dar. Demütigend war es immer. Es ging ausschließlich darum, das Bedürfnis der Besucher nach Exotik und nackter Haut zu befriedigen.

Adresse Jardin d'Agronomie Tropicale, 45, Avenue de la Belle Gabrielle, 75012 Paris | **ÖPNV** RER A, Bus 113, 120, Station Nogent-sur-Marne | **Öffnungszeiten** täglich 9.30–20 Uhr | **Tipp** Der »richtige« Zoo von Paris – in der Avenue Daumesnil am anderen Ende des Bois de Vincennes – wurde 1931 von Heinrich Hagenbeck nach Hamburger Vorbild als Sammlung von Freigehegen angelegt. Nach der Neueröffnung 2014 zeigt er in fünf Biotopen die jeweiligen endemischen Tier- und Pflanzenarten.

70 Die Mobilmacher
Les Trottinettes und andere E-Mobile

Okay: Ein Tretroller fällt nicht zwingend unter den Begriff Bauwerke, obwohl ein Roller – erst recht ein elektrischer – in gewissem Sinne natürlich ein Bauwerk ist. *Trottinettes* sind vor allem *das* Verkehrsmittel von Paris: 100.000 rasen durch die Stadt. Eine Hälfte in Privatbesitz, die andere als Leihfahrzeuge, betrieben per App-System von zehn verschiedenen Anbietern.

Sie stehen an jeder Kreuzung. Ein Gashebel rechts am Lenker, links die Handbremse. Fahren ist kinderleicht. Obwohl: Man sieht schnell, wer sich traut und wer nicht, vor allem an der Geschwindigkeit. Apropos Tempo: Erlaubt sind 25 Stundenkilometer, aber viele *Trottinettes* fahren erheblich schneller. Die deutsche Diskussion über Helmpflicht und Geschwindigkeitsbegrenzung auf 20, gar zwölf Kilometer pro Stunde ist undenkbar, bislang jedenfalls. Sie rasen auf Straßen und Radwegen, aber auch auf dem Bürgersteig. Das ist zu fährlich, vor allem für Fußgänger, und auch bei Strafe (135 Euro) verboten. Zu zweit auf einer *Trottinette* – klingt wie ein Schlager der 50er – ist besonders bei jungen Paaren beliebt. Selbstverständlich ist auch das verboten. Nur: Kein Pariser Verkehrsteilnehmer hält sich an Regeln, egal mit welchem Fahrzeug. Das kann man beklagen, aber nicht allein den E-Rollern anlasten.

Tatsächlich füllen sie eine Lücke: Man ist erheblich schneller als zu Fuß, meist gar schneller als mit dem Auto – Stichwort Stau; man schwitzt nicht, wie auf dem Fahrrad, muss nicht unter Tage, wie in der Metro, und man kommt, anders als per Bus, bis zum individuell angepeilten Ziel. Und das alles ohne Luftverschmutzung. Experten vermuten, die E-Roller werden das iPhone der Mobilität. Die Pariser jedenfalls haben sich entschieden: Sie fahren *Trottinettes*, mit Helm und ohne, im feinen Anzug, Kleid oder in Sportklamotten. Wahlweise auch elektrische Einräder, Monowheels, Long- und Skateboards. Feste Stellplätze sollen zukünftig garantieren, dass die Roller nicht länger die Bürgersteige blockieren.

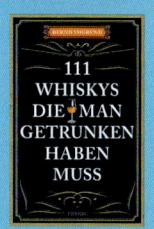

emons:
Entdecken fängt zu Hause an

ISBN 978-3-7408-0242-4

ISBN 978-3-7408-0571-5

ISBN 978-3-7408-0618-7

ISBN 978-3-95451-465-6

ISBN 978-3-95451-414-4

111 DRINKS DIE MAN GETRUNKEN HABEN MUSS

FÜR 16,95 €
(A) 17,50 €

ISBN 978-3-95451-861-6

ISBN 978-3-7408-0338-4

ISBN 978-3-7408-0567-8

ISBN 978-3-95451-922-4

Adresse für Verleih, Beratung, Schulung und Kauf: E-Roue, 5, Quai de la Tournelle, 75005 Paris, Tel. +33 (0)1/42035023, +33 (0)6/59038154, www.eroue.fr | **ÖPNV** Metro 4, Station Saint-Michel, Metro 7, Station Pont Marie, Metro 10, Station Maubert, Bus 86, 87, Station Cardinal Lemoine | **Öffnungszeiten** Mo–Sa 10.30–19.30 Uhr | **Tipp** Das Leihen eines Rollers kostet 1 Euro Grundgebühr plus 0,15 Euro pro Minute, macht 10 Euro pro Stunde: daher Abmelden nicht vergessen! Mehrere Apps installieren, den größten Anbieter oder den mit Angebot in der Heimatstadt.

71 _ Das Moonshiner
Eine Bar wie zu Zeiten der Prohibition

»Speakeasy« hießen während der Prohibition in den USA der 1920er Jahre Orte, in denen trotz Verbot Alkohol ausgeschenkt wurde: Flüsterkneipe. Die Hollywood-Gangsterfilme wären undenkbar ohne sie. Kein Humphrey Bogart als Sam Spade, kein James Cagney, auch nicht »Some Like It Hot«. In den Metropolen der Welt feiert das Konzept der Speakeasys oder Whisper-Clubs gerade fröhliche Wiederbelebung. Es ist *très chic*, in Kneipen zu gehen, die schon deshalb nicht jeder kennt, weil man ihnen ihre Bestimmung von außen nicht ansehen kann.

Das »Moonshiner« in der Rue Sedaine ist eine solche Bar. Und sie ist in jeder Hinsicht stilecht. Kein Schild, kein Hinweis. Von der Straße im Amüsierviertel rund um die Bastille aus ist nichts zu erkennen, nur eine kleine, rot gestrichene Pizzeria mit Namen »Da Vito«: rechts Tresen und Holzofen, links vier Tische, geradeaus vor Kopf eine große, alte hölzerne Gefrierschranktür. Und da geht's lang.

Ein winziger Lagerhof und eine weitere Holztür, dann die Bar: Gedämpftes Licht empfängt den Gast, schwarz-goldene Art-déco-Tapeten, Jazzmusik (donnerstags bisweilen live), dazu Ledersessel, niedrige Cocktail-Tischchen. Hinter dem Tresen mixen junge Männer in weißen Hemden Cocktails, eigene Kreationen ebenso wie Klassiker. Alle sprechen mehrere Sprachen, alle mit deutlich italienischem Akzent. Es gibt zudem einen Raucherraum, wegen der Prohibition. Wie gesagt: Es ist alles stilecht. Die Atmosphäre wirkt entspannt, vor allem unter der Woche. Am Wochenende kann es spätabends deutlich voller werden. Die Preise für Bier und Cocktails sind für Pariser Verhältnisse ausgesprochen zivil, was sicher ebenso zur Beliebtheit der Bar beiträgt wie die gute Jazzmusik.

»Moonshiner« hießen zur Prohibitionszeit im Übrigen die Schwarzbrenner und die Alkohol-Lieferfahrer, weil sie ihrer illegalen Tätigkeit im Dunkeln nachgingen.

Adresse 5, Rue Sedaine, 75011 Paris, Tel. +33(0)9/50731299 | **ÖPNV** Metro 1, 5, 8, Station Bastille; Bus 20, 29, 65, 91, Station Bastille – Beaumarchais | **Öffnungszeiten** täglich 18–2 Uhr | **Tipp** »Längste Theke von Paris« heißt die Rue de Lappe, abends besonders bei jungen Leuten beliebt. Tagsüber streift man in der alten Tischlergegend um die Faubourg Saint-Antoine durch die vielen, teils versteckten *cours*, die wunderbaren Hinterhöfe, und Sackgassen.

72 Die Moschee
Fès in Paris

Mitten im Quartier Latin, am östlichen Ende des botanischen Gartens, steht die größte und älteste Moschee auf französischem Boden. Mit ihren strahlend weißen Mauern und grünen Ziegeldächern erinnert sie stark an die Kairaouine-Moschee im marokkanischen Fès, die älteste Bildungsanstalt der Welt. Allerdings: Die Große Moschee von Paris dürfen auch Nicht-Muslime betreten.

Nach den Eroberungskriegen in Algerien 1830 bis 1847 kam erstmals die Idee auf, in Paris eine Moschee zu bauen. Sie wurde nie realisiert. Anders nach dem Ersten Weltkrieg. Als Hommage an die 100.000 Muslime, die für Frankreich gekämpft hatten, besonders die 28.000 Gefallenen von Verdun, wurde 1922 der Grundstein der Moschee gelegt, die dann bis 1926 nach Plänen von Maurice Tranchant de Lunel im spanisch-arabischen Mudéjar-Stil errichtet wurde. Es heißt bisweilen, die Moschee ähnle der Alhambra in Granada, tatsächlich war die Referenz jedoch die Moschee in Fès. So wurden die grandiosen Fayence-Mosaike, mit denen das Innere ausgestaltet ist, alle von nordafrikanischen Meistern hergestellt. Frankreich hat den Bau trotz oder genauer gegen den verbrieften Laizismus mit einer halben Million Francs subventioniert. Das 33 Meter hohe Minarett ist angelehnt an die Ez-Zitouna-Moschee von Tunis.

Heute hat die Moschee ein reges Gemeindeleben, im zugehörigen Al-Ghazali-Institut werden Imame ausgebildet, es gibt neben dem großen Gebetssaal eine Schule (Madrasa), eine Bibliothek, Konferenzräume und einen Hamam. Auch das Halal-Siegel wird hier vergeben. Das war zu Beginn anders. Im Viertel und auch in der näheren Umgebung gab es kaum Muslime. Im Vergleich zu heute nutzten viel weniger Gläubige die Moschee, da sie zum Teil von weit her kamen. Im Zweiten Weltkrieg unterstützte der damalige Rektor der Moschee, Kaddour Benghrabit, die Résistance. Er wird in Yad Vashem als Gerechter geehrt, weil er Juden Papiere verschaffte.

Adresse 2bis, Place de Puits-de-l'Ermite, 75005 Paris, Tel. +33 (0)1/45359733, www.mosqueedeparis.net | **ÖPNV** Metro 7, Station Place Monge; Metro 10, Station Jussieu; Bus 67, 89, Station Buffon – La Mosquée | **Öffnungszeiten** täglich 9–12 und 14–18 Uhr, außer Fr (!) und islamische Festtage | **Tipp** Die Teestube der Moschee (Eingang Rue Daubenton) ist ein absolutes Muss, sowohl optisch als auch was Speisen, Gebäck und Minztee angeht.

73 Der Nebeneingang
Reiche Männer und ihr »Zugang« zum Ballett

Der Sonnenkönig Ludwig XIV. gründete am 28. Juni 1669 das königliche Musiktheater »Opéra National de Paris«. Es gastierte an verschiedenen Orten. Am 8. Januar 1875 wurde als Haupthaus die Garnier-Oper eröffnet, damals das größte Theater der Welt. Ein architektonisches Wunder, berühmt für bedeutende Uraufführungen, sein Phantom und den unterirdischen See (gibt es tatsächlich, ist aber nicht zu besichtigen), für seine enorme Pracht und das Deckengemälde von Chagall – übrigens abnehmbar, wer weiß schon, was aus jungen Künstlern wird. Garniers Palast war von Anfang an in erster Linie Ballettbühne. Auch dazu gibt es Geschichten.

In der Rue Halévy, beim heutigen Zugang ins Restaurant »L'Opéra«, war ein Nebeneingang für Abonnenten, ausschließlich Männer der gehobenen Gesellschaft. Über diesen Einlass gelangten die wohlhabenden Herren ungesehen direkt hinter die Bühne, ins »Foyer de la Danse«, den Probenraum der sogenannten Ballettratten. Das waren meist minderjährige Mädchen aus armen Verhältnissen. Und die hatten die Aufgabe, nach der Aufführung, noch in Tutu und Mieder, die Wünsche und Gelüste der *Messieurs* zu erfüllen. Vor diesem Hintergrund erscheinen die berühmten Ballettbilder von Edgar Degas in anderem Licht. Sein »Foyer de la Danse« zeigt allerdings den Probenraum der Vorgängeroper (Rue Le Peletier 12). Louis Véron, dortiger Direktor von 1831 bis 1835, führte dieses Haus privat – zu seinem persönlichen Profit und ohne staatliche Zuschüsse. Der »große Förderer des Balletts« war derjenige, der den betuchten Herren des Pariser »Jockey Club« diesen exklusiven Service eröffnete. Eben dieser Club besorgte der Uraufführung des »Tannhäuser« eine phänomenale Pleite. Die Herren kamen erst zum zweiten Akt, wollten sie doch ihre Favoritinnen tanzen sehen und nicht Wagner hören. Doch Wagner hatte das obligatorische Ballett vorverlegt. Die Herren ließen ihn ihren Unmut spüren.

Adresse Place de l'Opéra, 75009 Paris, Tel. +33 (0)1/71252423, www.operadeparis.fr | **ÖPNV** Metro 3, 7, 8, Bus 20, 21, 27, 29, 32, 45, 52, 66, 68, 95, Station Opéra | **Öffnungszeiten** täglich 10–17 Uhr, Juni–Sept. 10–18 Uhr | **Tipp** Ob Freitreppe, Foyer, Wandelgang oder die Logen im Saal selbst, Garniers großer Wurf dient vor allem einem Zweck: sehen und gesehen werden in größtmöglicher Pracht. Ein Bau sondergleichen. Und im Saal der Chagall.

74 Die Orthodoxe
Die russische Kirche auf dem deutschen Hügel

Die Rue de Crimée kreuzt das Bassin de la Villette und steigt dann den Hügel zur Buttes-Chaumont an. Die Hausnummer 93, kaum mehr als eine Einfahrt, ist leicht zu übersehen. Ein Schotterweg zu einem kleinen Haus, zwei Fenster pro Geschoss, dazwischen eine Ikone. Das Fresko zeigt den russischen Heiligen Sergius von Radonesch. Und das an der »Krim-Straße«.

Der Privatweg steigt im Bogen um einen Neubau weiter zur Hügelkuppe an. Und da steht sie, wie aus Zeit und Ort gefallen: die orthodoxe Kirche Saint-Serge – Sibirien mitten in Paris. Ein Holzvorbau mit Außentreppe und Veranda, grün und rot gestrichen mit Schnitzereien und reicher Ikonografie, vor einer Backsteinkirche. Drum herum ein altertümlicher Bauerngarten mit zwei Sitzbänken aus Holz: ein Kleinod. Der genauere Blick auf die Kirche macht stutzig. Das wirkt nicht russisch, sondern westfälisch-norddeutsch, wie auch andere Gebäude auf dem Gelände. Und tatsächlich: Gebaut hat das alles ab 1857 Friedrich von Bodelschwingh, evangelischer Pastor der deutschen Gemeinde in Paris, später Gründer der Heilanstalten Bethel. Bis 1914 war dies das Gotteshaus der deutschen Arbeitermission. Zu Kriegsbeginn enteignet, wurde das Areal 1924 an den russisch-orthodoxen Metropoliten verkauft. 95 Prozent der Kaufsumme waren Spenden, unter anderem von John Raleigh Mott, Sekretär des CVJM und Friedensnobelpreisträger, der orthodoxen Gemeinde und eines jüdisch-russischen Bankiers.

Von Dmitri Stelletsky stammt die prächtige traditionelle Malerei. Von 1925 bis 1927 malte er das gesamte Obergeschoss des strengen protestantischen Raums aus und gestaltete einen klassisch-orthodoxen Kirchenraum im Nowgorod-Stil. Blaue Wände, viel Gold, Decken und Wände voller Fresken und Ikonen. Untergeschoss und Nebengebäude sind theologisches Seminar, mit dem Recht, akademische Titel zu verleihen. Das Institut spielt außerdem eine wichtige Rolle in der Ökumene.

Adresse 93, Rue de Crimée, 75019 Paris, Tel. +33 (0)1/60460060, www.saint-serge.fr | **ÖPNV** Metro 5, Station Laumière; Bus 48, 60, Station Manin | **Öffnungszeiten** nur für Gruppen (mindestens 10 Personen), Anmeldung unter Tel. +33(0)6/32684192 oder milanjrad@gmail.com | **Tipp** Die letzte Hebebrücke von Paris überquert am unteren Ende der Rue de Crimée das Bassin de la Villette. Das Hafengebäude vor der Brücke ist heute Studentenwohnheim, gegenüber eine Jugendherberge mit spektakulärer Fassade aus Terrakotta, die an geflochtenes Holz erinnert.

75 Der Ozeandampfer
Da steht ein Schiff am Boulevard

Neue Gebäude am Stadtrand bestechen häufig vor allem durch schiere Größe. Die Architektur, ganz im Stil der jeweiligen Epoche, hat man meist nach wenigen Minuten vergessen, schon weil die benachbarten Gebäude sich so herzlich wenig unterscheiden. Eine Fahrt auf der *Périphérique*, der Stadtautobahn rund um Paris, liefert da reichlich Anschauungsmaterial.

Anders verhält es sich mit dem lang gestreckten, leider nicht mehr ganz weißen Gebäude von Pierre Patout, bekannt als Chefarchitekt der »Galeries Lafayette«. Gebaut 1934/35, erinnert der 90 Meter lange und an seiner Spitze lediglich 2,40 Meter breite Bau nicht ganz zufällig an einen Ozeandampfer. Patout hatte in den 30er Jahren mit seinem Freund, dem Schreiner und Möbeltischler Jacques-Émile Ruhlmann, tatsächlich drei Luxusdampfer ausgestattet, unter anderem die »Normandie«, das seinerzeit größte, schnellste und vor allem schönste Schiff der Welt.

Das Grundstück hatte Patout 1929 erworben. Günstig, denn es galt wegen seiner unglücklichen Maße und Lage, eingekeilt zwischen Eisenbahnlinie und Boulevard Victor, als nahezu unbebaubar. Das Wissen aus dem Schiffbau half ihm bei der Formgebung des Hauses, aber auch im Umgang mit kleinen und schmalen Räumen. Patout konstruierte auf dem schmalen, dreieckigen Streifen insgesamt 70 Luxusappartements, das an der Spitze des Hauses mit großem Bullauge und Terrasse als Wohnung und Atelier für sich selbst. 165 Quadratmeter über zweieinhalb Etagen und trotz des ungewöhnlichen Grundrisses sehr großzügig. Als die Wohnung vor einiger Zeit zum Verkauf stand, war sie kurz zu besichtigen.

Das Erdgeschoss bietet im breiteren Gebäudeteil Raum für Geschäfte und ein Restaurant, zur Spitze hin »nur« für Keller, Versorgungsräume und Treppen. Die vier Geschosse darüber (zum Teil anderthalbstöckig) sind Wohnungen, mit für Pariser Verhältnisse ungewöhnlich großen Terrassen.

Adresse 3–5, Boulevard Victor, 75015 Paris | ÖPNV Metro 8, Station Balard; Bus 42, 88, 169, Station Place Balard; Bus 39, Station Balard – Lecourbe | Öffnungszeiten leider nur von außen zu besichtigen | Tipp Für die gewaltigen Bauten des Verteidigungsministeriums auf der gegenüberliegenden Straßenseite gilt: Fotografieren verboten! Die Eisenbahntrasse »Petite Ceinture« hinter dem Haus ist stillgelegt und beliebte Strecke für Jogger und Flaneure. Zugang an der Rue Leblanc.

76 Die Palastkirche
Sainte-Chapelle und der wiedergewonnene Glanz

Im Jahr 1237 kaufte Ludwig IX., genannt der Heilige, Kaiser Balduin II. von Konstantinopel Passionsreliquien ab – Dornenkrone, Nagel und Holz vom Kreuz Jesu, Lanze und Essigschwamm. Um diese Reliquien angemessen aufzubewahren, ließ er von 1244 bis 1248 in seinen Palast auf der Île de la Cité eine neue Kirche im Stil der Hochgotik »einbauen«: die Doppelkirche Sainte-Chapelle. Eine untere für Hofdiener und Militärs und daraufgesetzt die eigentliche Kirche, der königlichen Familie vorbehalten – und den Reliquien.

Der Königspalast wurde später zum Justizpalast. Der wiederum wuchs so nahe an die Kapelle heran, dass ihr Äußeres kaum noch bewundert werden kann. Das Innere schon. Man betritt die Kirche durch die untere Kapelle des »einfachen Volkes«. Die ist niedrig, aber atemberaubend schön: goldene Kreuzrippenbögen auf purpurroten und schwarzblauen Säulen, verziert mit goldenen Lilien, darüber ein Himmel in Ultramarin, ebenfalls mit den königlichen Blumen geschmückt. Ein Raum von unfassbarer Pracht. Sichtbar gemachte Macht.

Eine enge Stein-Wendeltreppe führt nach oben und ins Licht. Es öffnet sich eine Kirche wie ein Edelstein, ein Bad in farbigem Licht. Die Königskapelle ist eine mystische Erfahrung, auch für Nichtgläubige. Abgesehen vom wiederum ultramarinen Himmel (fast) nur buntes Glas, über 600 Quadratmeter. Die Fensterlanzetten sind zwölf Meter hoch, das Gros der Glasbilder – 1.113 biblische Szenen von Adam und Eva bis zur Apokalypse – stammt noch aus dem 13. Jahrhundert. Ihre ganze Pracht ist erst seit Kurzem wieder erfahrbar, weil jedes einzelne Glasstück herausgenommen und auf beiden Seiten von der im Laufe von 800 Jahren entstandenen zentimeterdicken Dreckkruste befreit wurde.

Ludwig der Heilige soll für die Dornenkrone 135.000 *livres tournois* gezahlt haben. Das Schmuckstück von Kapelle kostete weniger als ein Drittel dieser Summe.

Adresse 8, Boulevard du Palais, 75001 Paris, Tel. +33 (0)1/53406080, www.sainte-chapelle.fr | **ÖPNV** Metro 4, Bus 21, 38, 47, 85, 96, Station Cité; Metro 1, 7, 11, 14, Station Châtelet | **Öffnungszeiten** täglich 9–17 Uhr, April–Sept. 9–19 Uhr | **Tipp** Das Doppelticket auch für die »Concièrgerie«, Residenz seit dem ersten Karolingerkönig Hugo Capet, lohnt sich. Dort kann man den gotischen Saal der *gens d'armes* (Bewaffnete) und das Revolutionsgefängnis, in dem Danton, Robespierre und Marie Antoinette saßen, besichtigen.

77 — Der Pavillon
Balzac in Passy

In einer Seine-Schleife im Südwesten von Paris liegt Passy: heute nobler Vorort, im 19. Jahrhundert ein Dorf vor der Stadt, bewohnt von einfachen Arbeitern, Flussschiffern und Steinmetzen. Aber zwischen 1840 und 1847 auch von keinem Geringeren als Honoré de Balzac. Um vor seinen vielen Gläubigern leichter fliehen zu können, hatte der unter chronischer Geldnot leidende Schriftsteller hier unter dem Decknamen Monsieur Breugnol einen Gartenpavillon gemietet. Der war billig und hatte, weil in den Hang gebaut, den großen Vorteil zweier Eingänge: Klingelte ein Schuldeneintreiber am Straßentor, verschwand Balzac durch das Gartentor in eine tiefer gelegene Gasse, die Rue Berton.

Honoré Balzac – der Titel *de* war erfunden, um den Buchverkauf zu steigern – war ein harter Arbeiter und Vielschreiber. Bei 50 Tassen Kaffee soll er mehr als 15 Stunden am Tag geschrieben oder korrigiert haben. In der Wohnung im oberen Stock des Pavillons von Passy entstand sein Hauptwerk, die »Comédie humaine«,- beziehungsweise das, was er davon fertiggestellt hat. Vielen seiner französischen Zeitgenossen galt der erzkonservative Royalist Balzac dabei als schlechter Autor, unseriös und ohne Stil. Ausgerechnet Karl Marx schätzte ihn dagegen »mehr als alle Zolas aller Zeiten« für seine gnadenlos realistische Beschreibung der Bourgeoisie. Laut Marx lernt man von Balzac mehr über die adlige französische Gesellschaft (der er so gern angehört hätte) als von jedem Historiker.

Der Pavillon zeigt persönlichen Besitz wie den Schreibtisch, dazu viele Handschriften des Autors; auch die berühmte Daguerreotypie sowie die von Rodin gefertigte Büste. Der Garten lässt ahnen, wie Passy zu Balzacs Zeiten aussah. Außerdem bietet er eine der schönsten Aussichten auf den Eiffelturm. Die kleine Fluchtgasse ist durch ein Foto von Eugène Atget als Ansicht des »Vieux Paris« berühmt geworden.

Adresse 47, Rue Raynouard, 75016 Paris, Tel. +33 (0)1/55744180, www.maisondebalzac.paris.fr | **ÖPNV** Metro 6, Station Passy; Metro 9, Station La Muette; Bus 32, Station Place de Passy; Bus 72, Station Lamballe – Ankara | **Öffnungszeiten** täglich 10–18 Uhr, außer Mo | **Tipp** Paris leistet sich drei Museen, die jeweils einem Literaten gewidmet sind: dies für Balzac, eines für Victor Hugo und eines für George Sand. Letzteres, das »Musée de la Vie Romantique«, ist ein schönes, südlich anmutendes Haus mit noch schönerem Garten und Café, leider einer Ausstellung nur für Fans.

78 Das Pendel
Foucaults Beweis: Und sie dreht sich doch

Alt ist Léon Foucault (1819–1868) nicht geworden, unsterblich schon. Auf der Einladung zur ersten Vorführung seines Pendels am 26. März 1851 im Panthéon von Paris stand: »Kommt und seht, wie die Welt sich dreht.« Ein grandioser Ort für einen spektakulären Beweis: Eine 28 Kilogramm schwere vergoldete Kugel, unten mit einer Spitze, schwang am 67 Meter langen Drahtseil in der Zentralkuppel und malte dabei Linien in den Sand – keine Geraden, sondern elliptische Bahnen, die sich im Lauf des Tages verschoben. Da das Panthéon selbst nicht wandern konnte, der Beleg, dass die Erde darunter sich drehen musste. »Und sie dreht sich doch«, das Zitat wird wahlweise Galileo oder Giordano Bruno zugeschrieben, die das Faktum der Erddrehung schon 200 Jahre vor Foucault errechnet hatten, aber keinen so sinnfälligen Beweis kannten.

Das Panthéon war als Ort ideal gewählt. Die gewaltige Höhe der Kuppel unterstützte den Versuch (je länger das Seil, umso sichtbarer die Bewegung), und die Kathedrale der Aufklärung war prädestiniert, Wissen voranzubringen. Der von Jacques-Germain Soufflot (1713–1780) nach den römischen Vorbildern Petersdom und Pantheon entworfene Sakralbau in Form eines griechischen Kreuzes war 1890 von den Spitzen der Revolution zur Ruhmeshalle erklärt worden. Mirabeau, Voltaire und Marat wurden in die Krypta umgebettet (Mirabeau und Marat kurze Zeit später als unwürdig wieder entfernt). Der sonst nicht groß in Erscheinung getretene Architekt Soufflot hat das vollendete Gebäude nie gesehen. Es hat ihm gleichwohl einen Platz in der Geschichte verschafft.

Der Schulabbrecher und Autodidakt Foucault hat zur Forschung in der Physik einiges beigetragen, vom Spiegelteleskop über die Messung der Lichtgeschwindigkeit bis zum nach ihm benannten Prüfverfahren optischer Systeme. Sein Pendel hängt erst seit 2016 wieder am ursprünglichen Ort.

Adresse Place du Panthéon, 75005 Paris, Tel. +33 (0)1/44321800, www.paris-pantheon.fr | **ÖPNV** Metro 10, Station Maubert; Bus 21, 27, 38, 85, Station Luxembourg; Bus 82, 84, 89, Station Panthéon | **Öffnungszeiten** Winter täglich 10–18 Uhr, Sommer (1. April–30. Sept.) täglich 10–18.30 Uhr | **Tipp** Die »Pantheonisierung« ist Staatsakt und die größte Ehre, die Frankreich vergibt. In der Krypta liegen Voltaire und Rousseau, Dumas und Hugo, Marie Curie und Simone Veil. Der Blick vom Kuppeldach ist einer der schönsten der Stadt.

79 — Die Phalluspforte
In der Avenue Rapp steht eine Tür

Das siebenstöckige Haus in der Avenue Rapp, gebaut in den Jahren 1900/1901 vom Architekten Jules Lavirotte (1864–1929), ist in jeder Hinsicht ein Schmuckstück. Überbordender Jugendstil, reich verziert mit Säulen, Skulpturen von Jean-Baptiste Larrivé (1875–1928) und farbigen Keramikfliesen von Alexandre Bigot (1862–1927). Die preisgekrönte Fassade wirkt in sich absolut stimmig, und das, obwohl sie durchgängig asymmetrisch ist. Vielleicht ja auch gerade deshalb.

Das Gebäude in seiner Gesamtheit zu sehen ist nicht ganz einfach, denn der Blick wird durch Bäume etwas verstellt. Aber es lohnt, genau hinzuschauen. Kein Balkon gleicht dem anderen, erst fast klassische Steinsäulen, dann kunstvoll geschmiedetes Eisen, dann grün leuchtende Keramiksäulen; die Fenster mal oval, dann abgerundet, dann wieder rechteckig, alle mit verschiedenartigen Einfassungen. Und als wäre das alles nicht genug, die Eingangstür: ein schwungvoller Stuckbogen, gekrönt von einem Frauenkopf und zwei nackten Figuren – links eine junge Frau, rechts ein Jüngling –, umfasst eine dreiflügelige Holztür. Die dürfte tatsächlich einmalig sein, handelt es sich doch, ziemlich eindeutig, um einen auf der Spitze stehenden Phallus. Ein Flachrelief zwar, aber doch in allen Details ausgearbeitet. Zeitgenossen von Lavirotte, dem wie vielen Jugendstil-Künstlern ein Hang zu sexueller Symbolik nachgesagt werden kann, wollten zudem in den Balkonen des ersten Stocks das Eindringen von Penissen erkennen.

Da das Haus privat bewohnt wird, kann es ausschließlich von außen bewundert werden. Unbedingt zu empfehlen: auch die Gebäude um die Ecke auf dem Square Rapp anschauen. In der Nummer 3, ebenfalls Jugendstil, wohnte Lavirotte im 5. Stock, rechts das »Théâtre de la Tour Eiffel« im Art-déco-Stil von Louis Lefranc. Der Blick vom Hof Richtung Eiffelturm ist, besonders bei Dunkelheit, atemberaubend.

Adresse 29, Avenue Rapp, 75007 Paris | **ÖPNV** Metro 9, RER C, Station Pont de L'Alma; Bus 42, 69, 87, Station Rapp – La Bourdonnais; Bus 80, 92, Station Bosquet – Saint Dominique | **Tipp** Weitere Jugendstilgebäude von Jules Lavirotte in der Umgebung: das »Institut Leonardo da Vinci« in der Rue Sedillot 12 und das »Céramic Hôtel« in der Avenue de Wagram 34.

80 Das Pissoir
Baron Haussmanns letzte Bedürfnisanstalt

Morgens in der Stadt zwingt scharfer Uringeruch bisweilen, jäh die Luft anzuhalten, überall auf der Welt. In Paris war der Gestank so heftig, dass schon Anfang des 18. Jahrhunderts öffentliches Pinkeln bei Strafe verboten wurde, in einem Zeitalter, in dem Nachttöpfe, Bettpfannen und Jauchegruben im Keller die Regel waren.

Als Georges-Eugène Baron Haussmann (1809–1891) im Auftrag von Napoleon III. Paris zur modernsten Stadt der Welt umbaute, rammte er monumentale Straßen und Sichtachsen durch die Stadt, aber er regelte auch bis ins Kleinste, wie Gebäude auszusehen hatten, welcher Stein zu nutzen, in welchen Etagen Balkone anzubringen waren. Ja, er regelte sogar, in welchem Abstand öffentliche Bedürfnisanstalten auf den Straßen stehen mussten. 1.500 sogenannte *Vespasiennes* wurden aufgestellt (in Anlehnung an Kaiser Vespasian, der zur Einführung seiner Urinsteuer erklärte: »Pecunia non olet/Geld stinkt nicht.«). Das einzig erhaltene Haussmannsche Pissoir steht heute windschief und verwittert vor dem Gefängnis am Boulevard Arago. Rostiges, ehemals dunkelgrünes Metall: eine klassizistisch verzierte Mittelkolonne, darum als Sichtschutz auf jeder Seite eine Blechplatte, halbkreisförmig, unten und oben offen. Beleibte Zeitgenossen haben Mühe, sich durch den schmalen Eingang zu pressen. Ein Unikum, das letzte seiner Art.

Die Idee des geordneten öffentlichen Pinkelns in dafür vorgesehenen Örtchen stammt nicht von Haussmann, sondern seinem Vorgänger als Präfekt, Claude de Rambuteau. Der erfand in Litfaßsäulen eingebaute Ein-Mann-Pissoires, *Colonnes Rambuteau* genannt. Heute stehen in ganz Paris selbstreinigende Unisex-Toiletten, die *Sanisettes*, deren Benutzung umsonst ist. Der letzte Schrei heißt *Uritrottoir*. Ökologisch wertvoll und geruchsneutral pinkelt der Mann in rot-weiße Tonnen auf dem Trottoir, dem Bürgersteig. Wenn er sich traut, denn er steht dabei komplett im Freien. Vier Uritrottoirs wurden 2018 aufgestellt.

Adresse 86, Boulevard Arago, 75013 Paris | **ÖPNV** Metro 4, 6, RER B, Bus 38, 68, Station Denfert-Rocherau; Bus 21, 83, Station Glacière – Arago | **Tipp** An die Wohnung von Marie und Pierre Curie in der Rue de la Glacière 24 erinnert nur eine Plakette. Spannender das Museum (Eintritt frei) an ihrem Arbeitsort im 5. Arr. (Mi–Sa 13–17 Uhr, 1, Rue Pierre et Marie Curie).

81 Der Pool
Das Schwimmbad der Admirale

Ob die Jugendlichen einen Blick dafür haben, wie schön die Umgebung ihrer Schulsportstätte ist, oder Interesse daran, dass der Film »Die fabelhafte Welt der Amélie« unter anderem hier gedreht wurde? Denn Hinschauen lohnt, besonders seit das Bad von 2015 bis 2017 technisch generalüberholt und optisch in seinen Originalzustand versetzt wurde. Die Schwimmhalle ist reines Art déco: schlicht, elegant, funktional, eben fabelhaft. Ein Becken von 33 mal 10 Metern, Wände und Böden weiß gefliest, Bordüren und Schmuckelemente als Zierde, individuelle Umkleidekabinen, umlaufend auf zwei Etagen. Um Schlüssel braucht sich kein Besucher zu sorgen: Die hat der Bademeister in seiner Obhut. Die Schwimmhalle gehört zu den ältesten der Stadt, ist öffentlich zugänglich und auf modernstem hygienischem Stand.

Von der Straße aus drängt sich niemandem die Idee auf, hinter der Fassade könnte sich ein Schwimmbad verbergen. Der siebenstöckige Bau, 1922 bis 1927 von Henri Sauvage errichtet, ist eindeutig ein Wohnhaus, leicht gestuft, um möglichst jeder der 78 Wohnungen einen Balkon zu geben. Platzverschwendung, tönten Kritiker, erst recht bei sozialem Wohnungsbau. Weil die extrem dichte Bebauung von Paris Krankheiten begünstigte, hatte die sich auf Louis Pasteur berufende Gegenbewegung des Hygienismus hier viele Anhänger gefunden. Sie propagierte Sauberkeit, frische Luft und Bewegung nicht nur zur Förderung der individuellen Gesundheit, sondern auch als städtebauliches Prinzip. Sauvage gründete 1903 mit Charles Sarrazin eine Aktiengesellschaft für billiges, aber hygienisches Bauen. Eben die errichtete das Bauwerk mit Schwimmbad im Inneren, dem »Pool des Amiraux«.

Der Bau bietet weitere Besonderheiten: Die »Keller« sind im dritten und vierten Stock, ein Innenhof befindet sich über dem Schwimmbecken im fünften. Das Becken allerdings, das sollte ursprünglich mal ein Kino werden.

Adresse 6, Rue Hermann-Lachapelle, 75018 Paris, Tel. +33 (0)1/46064647, www.paris.fr/equipements/piscine-des-amiraux-2944 | ÖPNV Metro 4, Station Simplon; Metro 12, Station Marcadet; Bus 56, 85, Station Albert Kahn | Öffnungszeiten Mo–Do 7–8.30 und 11.30–13.30 Uhr; Fr 11.30–13.30 und 16.30–19.30 Uhr; Sa, So 8–18 Uhr; Zeiten können sich wegen Schulsport ändern, Webseite gibt Auskunft | Tipp Mancher geht ins »La Trincante« (23, Eugène Sue), um frische bretonische Austern und Krabben zu essen, andere, um Antiquitäten zu kaufen. Beides geht.

82 Die Pulverfabrik
Ariane Mnouchkines Theater auf dem Militärgelände

Die Straße im ehemals königlichen Jagdwald heißt Route du Champ de Manœuvre, also Manöverfeld. Über einem blauen Metalltor der geschmiedete Schriftzug *Cartoucherie* – Munitionsfabrik. Dahinter: alte Bäume, Bauwagen, flache Hallen, die einen Exerzierplatz umfassen. Es braucht wenig Phantasie, sich vorzustellen, dass hier die Armee Napoleon Bonapartes mit Kasernen, Kavallerie, Pulver- und Munitionsfabriken stationiert war. Im Ersten Weltkrieg wurde Munition für das französische Militär produziert, und noch zu Beginn der 1960er war das Gelände berüchtigtes Gefängnis für algerische Kriegsgefangene.

Im Sommer 1970 stießen Ariane Mnouchkine, Philippe Léotard und ihre Kompanie »Théâtre du Soleil« auf das kurz zuvor vom Militär verlassene Gelände. Kein Strom, kein Wasser. Wände, Fußböden, Fenster, alles marode bis zerstört – der ideale Ort, um das Revolutionsdrama »1789«, mit dem die Gruppe weltweit Furore machte, erneut aufzuführen. Für einen Sommer, so der Plan. Instandbesetzen nannte man das damals. Aus dem Provisorium wurde eine ständige Einrichtung.

Es folgten andere freie Theatergruppen, nutzten ebenfalls die großen Hallen, und auch sie blieben: das »Théâtre de l'Aquarium«, das »Théâtre de la Tempête« (Sturm) und das »Théâtre de Épée de Bois« (Holzschwert). Abends Aufführung, tagsüber renovieren, so der übliche Tagesablauf für alle. Die Inszenierungen von Ariane Mnouchkine – ob Shakespeare, Molière oder eigene Stücke – wurden auf den Bühnen der Welt gefeiert (nicht erst seit der Oscar-Nominierung ihres grandiosen Molière-Films), hier stand sie abends am Eingang, riss die Billets ab. Heizung gab es nicht, die Truppe musste das Publikum buchstäblich erwärmen. Das schweißt zusammen, ebenso, dass keines der Theater Subventionen erhielt. Erst seit 1985 haben die Theater Pachtverträge – und Heizung. Das »Théâtre du Soleil« bearbeitet weiter politische Themen.

Adresse 2, Route du Champ de Manœuvre, 75012 Paris, Tel. +33 (0)1/43742408, www.theatre-du-soleil.fr; www.cartoucherie.fr | **ÖPNV** Metro 1, Station Château de Vincennes, dann Bus 112 bis Station Cartoucherie – zu Vorstellungen fahren *Navettes* (Gratisbusse) | **Öffnungszeiten** immer zugänglich | **Tipp** Paris ist die Zirkushauptstadt. Zahlreiche Truppen haben hier feste Winterquartiere, unter anderem »Cirque Phénix« (und »Festival Mondial du Cirque de Demain«) »Pelouse Reuilly« im Zelt; »Bouglione« im grandiosen Steinbau Rue Amelot 110.

83 Das Radiohaus
Aus gutem Grund rund

Anfang der 1950er Jahre begannen Planungen, die verstreuten Büros und Studios des öffentlich-rechtlichen Rundfunks »Radio France« in einem großen Komplex zusammenzulegen. Henry Bernard schuf einen für die Zeit revolutionären Entwurf: ein kreisrunder Gebäudering, Umfang 500 Meter, darin ein Innenring und ein 68 Meter hoher Turm. Das Ganze geothermisch beheizt. Nichts davon ist Architekten-Gimmick, alles zweckgebunden: Der Turm, im Entwurf ein Drittel höher, beherbergt Archive und Funktionsräume; im Ring außen, mit Sicht auf die Seine, Büros und Redaktionsräume. Die bilden so einen Lärmschirm für die nach innen ausgerichteten Studios und den großen Konzertsaal. Beispielhafte Architektur, emblematisch zudem. Seit 1963 wird von dort gesendet. Und weil die Logos des Senderverbunds das Gebäude nachbilden, hieß das Radiohaus schnell »die Bratpfanne«, durchaus ein Zeichen dafür, dass der auffällige Rundbau in Frankreich beliebt war und ist, eher selten für moderne Architektur.

Das Fernsehen zog ein, der Komplex wurde zu klein, es war Asbest verbaut, der Brandschutz nicht gewährleistet, und so begann 2005 die Komplettrenovierung bei laufendem Betrieb. Ein Abenteuer für alle Beteiligten, teuer zudem. Offizielle Zahlen gibt es nicht, man munkelt eine Dreiviertelmilliarde. Dann der Schock: Einen Monat vor der Vollendung brach am 31. Oktober 2014 in den oberen Stockwerken Feuer aus. Das Programm musste für zwei Stunden unterbrochen werden, dann ging es weiter. Auch Renovierungsarbeiten gibt es weiter ständig. Trotzdem läuft der Sendebetrieb, und das Haus kann praktisch jederzeit besichtigt werden. Das Restaurant »Radioeat« hat sieben Tage die Woche geöffnet, die Cocktailbar »Le Bel Air« bis 2 Uhr nachts (Dienstag bis Samstag). Zudem gibt es Besichtigungen zu Themen wie Musik, Soziales oder Architektur und natürliche Konzerte aller Art plus die Möglichkeit, Gast im Studio zu sein.

Adresse 116, Avenue du Président Kennedy, 75016 Paris, Tel. +33 (0)1/56401516, www.maisondelaradio.fr | **ÖPNV** Metro 6, Station Passy; Metro 9, Station Ranelagh; Bus 52, 72, Station Radio France; Bus 70, Station Pont Grenelle | **Öffnungszeiten** täglich 10–18 Uhr plus Konzerte und Sendungen | **Tipp** Gerhard Grenzig, der deutsche Orgelbauer mit Wohnsitz Barcelona, hat die phantastische Orgel im von der Berliner Philharmonie inspirierten Großen Sendesaal gebaut. 100 Register auf vier Manualen plus Pedal bespielbar, ein Meisterwerk.

84 — Der Rattenladen
Spezialisten für Schädlinge aller Art

Mitten im »Bauch von Paris«, in einer schmalen, alten Straße und damit an passender Stelle, liegt seit 1872 die »Maison Aurouze«, ein Familienbetrieb in fünfter Generation. Die Familie Aurouze mit ihrem Dutzend Angestellter ist stolz auf ihre langjährige Erfahrung im Metier. Sie wirbt damit, ob im Internet oder auf der schönen flaschengrünen Holzverkleidung des Schaufensters. Man ist versucht, giftgrün zu sagen, denn Aurouze ist ein »Fachgeschäft zur Vernichtung tierischer Schädlinge«, wie die Glasmalerei über dem Eingang ganz unverblümt bekundet. Kammerjäger aus Tradition. Und was für welche. In der Auslage hängen 20 ziemlich große mumifizierte Ratten in ihren Fallen. Exakt in Augenhöhe, gut sichtbar für die Passanten. Gefangen hat sie Großvater Aurouze 1925 bei der Beseitigung einer besonders heftigen Rattenplage in »Les Halles«, den zentralen Markthallen von Paris und damals in unmittelbarer Nachbarschaft. Drinnen gibt es Gift sowie Fallen aller Art und Größen, für alle Arten von Schädlingen. Sogar Lebendfallen.

Die Markthallen sind längst fort, umgezogen nach Rungis, um für das Centre Georges Pompidou Platz zu machen. Die Ratten sind geblieben. Man schätzt ihre Zahl auf mindestens zehn Millionen. Paris bietet ihnen ideale Lebensbedingungen: viel Wasser, viel achtlos weggeworfene Nahrung. Für das Auskommen der nächsten Aurouze-Generation(en) ist wohl gesorgt. Und es gibt ja auch noch Mäuse und Schaben, Motten, Wanzen, Termiten und Tauben.

Und es gibt vielsagende Werbung. Wem die Botschaft der ausgestellten Nagerleichen nicht klar genug macht, dass man bei Aurouze sein Geschäft versteht, dem sei eine Szene aus dem Animationsfilm »Ratatouille« in Erinnerung gerufen: Vor eben diesem Schaufenster warnt der greise Rattenopa den Helden des Films, die kochende Ratte Rémy: »Das passiert allen Ratten, die sich ein bisschen zu sehr mit Menschen einlassen.«

Adresse 8, Rue des Halles, 75001 Paris, Tel. +33 (0)1/40411620, www.aurouze.fr | **ÖPNV** Metro 1, 4, 7, 11, 14, RER A, B, C, Bus 58, 67, 69, 76, 82, Station Châtelet | **Öffnungszeiten** Mo–Sa 9–12.30 und 14–18.30 Uhr | **Tipp** Wunderschöne alte Spezialgeschäfte gibt es noch viele. Nur zwei Tipps: »Stohrer« (51, Rue Montorgueil), Lieblingspâtissier der englischen Königin; »Claverie«, Korsettfabrik seit 1860, 234, Rue du Faubourg Saint-Martin.

85 Das Relikt
Nicolas Flamel und das älteste Haus von Paris

Lange Zeit war umstritten, welches Haus das älteste von Paris sei: Die Fachwerkhäuser in der Rue François Mirron standen zur Debatte, ebenso das in der Rue Volta. Neuere Forschungen haben ergeben: Das älteste Wohnhaus stammt aus dem Jahr 1407 und gehörte dem Schreiber Nicolas Flamel, berühmt als der größte Alchimist, der Mann, der den Stein der Weisen und das Elixier der Unsterblichkeit fand und zudem Gold und Silber herstellen konnte. Wie passend.

Nach dem Tod seiner Frau Pernelle ließ Flamel das Haus bauen, wie die Inschrift über dem Mittelportal bezeugt, um in ihrem Namen dort Armenspeisungen abzuhalten. Gelebt hat Flamel in dem Haus nicht, eher wohl bei seinem Geschäft nahe der Kirche Saint-Jacques-de-la-Boucherie, von deren Existenz heute nur noch der Solitär des später gebauten Tour Saint-Jacques kündet. Die Armenspeisungen sind Grund für die Mythen um Nicolas Flamel, denn niemand konnte sich erklären, woher ein Schreiber das Geld für Wohltätigkeit nehmen sollte. Ein Rätsel, dessen Lösung Zeitgenossen nur im Wirken übernatürlicher Mächte fanden. Die berühmte Schrift über die »Chymischen Werke des Philosophen Nicolas Flamel« dürfte ihm nachträglich zugeschrieben sein. Seitdem geistert sein Name durch die Literatur, von Victor Hugo und Alexandre Dumas bis Umberto Eco und Joanne K. Rowling, erst recht durch die esoterische Bücherwelt. Manche erklärten ihn zum Großmeister der »Prieuré de Sion«, andere schrieben ihm das Wissen über den angeblichen Schatz der Katharer, wahlweise auch der Tempelritter zu.

Das Haus wurde zur Weltausstellung 1900 restauriert. Original ist nur das Erdgeschoss. Die beiden äußeren Türen führten in Ladenlokale, die mittlere, von vier Engeln und den Initialen Flamels umrahmte Tür ins Treppenhaus. Im Haus heute, auch das sehr passend, das Lokal eines »Alchimisten der Küche«, des Sternekochs Alan Geaam, Autodidakt in gehobener Kochkunst.

Adresse 51, Rue de Montmorency, 75003 Paris, Tel.+33 (0)1/42717778, www.auberge-nicolas-flamel.fr | **ÖPNV** Metro 3, 11, Station Arts et Métiers; Bus 29, 38, 47, 75, Station Grenier – St.-Lazare | **Öffnungszeiten** Restaurant: täglich 12 – 14.30 und 19 – 22 Uhr | **Tipp** Die Metrostation »Arts et Métiers« der Linien 3 und 11 lohnt allein die Anfahrt. Ganz mit Kupfer beschlagen, erinnert sie viele Besucher an Comic-Kunst. Tatsächlich ist sie eine Reminiszenz an das darüberliegende Museum für Kunsthandwerk.

86 Der Renoirgarten
Montmartre hat mehr zu bieten

Über Geschmack lässt sich bekanntlich nicht streiten. Darüber, dass die Gegend um Sacré-Cœur eine Touristenfalle ist, auch nicht wirklich. Und doch: Gleich hinter dem Gedränge um sehr unterschiedlich begabte Zeichner auf der Place du Tertre liegt, auf der Rückseite des Hügels, die Rue Cortot, darin das Musée de Montmartre. Und das ist unbedingt einen Besuch wert.

Inhaltlich widmet sich das Museum, untergebracht in drei Häusern aus dem 17. Jahrhundert mit zugehörigen Gärten, der Geschichte von Montmartre. Erst 1860 wurde das ländliche Wein- und Mühlendorf in Paris eingemeindet. Kaum zehn Jahre später war das heute mitten in der Stadt gelegene Dorf Zentrum der Kreativen und der Boheme aus aller Welt. Kein Künstler, der auf sich hielt, hat hier nicht zumindest zeitweilig gelebt, geliebt und gearbeitet. Das Viertel bot Wohnungen und Ateliers für kleines Geld, war dörflich und schloss doch direkt an das Vergnügungsviertel Pigalle an. Und alle waren da – von Picasso bis Dalí, von Berlioz bis Baudelaire und Nadar. Renoir hat von 1875 bis 1877 im Haus Rue Cortot 12 einige zentrale Werke gemalt, den »Bal du moulin de la Galette«, den »Garten in der Rue Cortot«, »Die Schaukel«. Die Gärten sind 2012 nach alten Fotos wieder wie zu Zeiten Renoirs hergerichtet worden, die Schaukel hängt am selben Platz wie früher. Ab 1912 bezogen die Maler Suzanne Valadon, ihr Sohn Maurice Utrillo und André Utter hier gemeinsam ein Atelier, auch das originalgetreu wiederhergestellt. Ihre Werke sind zu sehen, ebenso Toulouse-Lautrec, Kupka, Modigliani, Steinlen.

Das Museum gibt Einblick in die Lebensverhältnisse der Boheme des 19./20. Jahrhunderts. Und noch etwas: Aus den Gärten schaut man über den einzigen verbliebenen Weinberg von Montmartre (1.500 Quadratmeter Pinot Noir im Besitz der Stadt Paris) und den Wildgarten St. Vincent. Ein letzter Eindruck des alten Montmartre.

Adresse 12, Rue Cortot, 75018 Paris, Tel. +33 (0)1/49258939, www.museedemontmartre.fr | **ÖPNV** Metro 2, Station Anvers (und Funiculaire de Montmatre); Metro 2, 12, Station Pigalle (und Montmatrobus Station Saules – Cortot) | **Öffnungszeiten** Okt.–März täglich 10–18 Uhr, April–Sept. täglich 10–19 Uhr | **Tipp** Das Originalschild (Kopien am Haus und im Museum) des Cabaret-Restaurants »Au Lapin Agile« (22, Rue des Saules) wechselte 1912 für 20 Dollar den Besitzer und wurde 1989 für 40 Millionen versteigert. Hier begannen Apollinaire, Brassens und Annie Giradot ihre Karriere. Tagsüber ein schöner Sonnenplatz; abends Reservierung nötig.

87_Die Rotunde
Die ehemalige Zollstation am Canal Saint-Martin

Claude-Nicolas Ledoux war vehementer Verfechter des Klassizismus und entwarf doch zugleich völlig utopische Bauten, wie die Saline von Arc-et-Senans. Die meisten seiner Pariser Bauwerke, ob Privatpaläste oder staatliche Bauten, wurden in Kriegs- und Revolutionswirren zerstört, nicht so die Rotunde auf der Place Stalingrad.

Was für ein Bau. Obwohl von monumentaler Größe, laufen die meisten Passanten ziemlich achtlos daran vorbei, auch weil er leider zum Teil hinter hässlichen Umzäunungen einer Bar verschwindet. 1784 bis 1788 wurde die Rotunde als imposanteste von über 50 Zollstationen errichtet. Hier mussten die Akzise-Steuern für Waren aus Flandern und Deutschland, aber auch dem näheren Umland entrichtet werden, die über den Kanal nach Paris transportiert wurden. Die meisten anderen Zollstationen sind lange geschliffen, aber die Rotunde steht: in einem quadratischen Baukörper ein oben offener Zylinder. Zu allen vier Seiten des Erdgeschosses ist jeweils mittig ein Vorbau gesetzt: acht dorische Säulen, die dreieckige Giebel tragen. Im Rundbau darüber stützen 40 dünne Zwillingssäulen einen offenen Bogengang. Eine runde Dachöffnung belichtet Gebäude und Innenhof. Der Bau in seiner Gesamtheit hat die Form eines griechischen Kreuzes. Im Obergeschoss gab es Wohnungen für Zollbeamte. Das wirkt alles ungemein repräsentativ, erinnert auf den ersten Blick stark an Bauwerke der italienischen Renaissance, ist aber in Wahrheit ein frei erfundener Stilmix.

Die Steuer, die hier eingetrieben werden sollte, wurde im Januar 1791 schon wieder abgeschafft, um dann 1798 erneut erhoben zu werden. Die Rotunde diente in der Folge als Lagerhalle, Kaserne und Salzspeicher. Von 1978 bis 2001 war sie Sitz des Gremiums zum Erhalt des Kulturerbes, der »Commission du Vieux Paris«. Deren Publikationen hießen »Hefte aus der Rotunde«. Und obwohl sie Straßen und U-Bahn immer im Weg stand, die Rotunde bleibt.

Adresse 6–8, Place de la Bataille-de-Stalingrad, 75019 Paris, Tel. (Bar!) +33(0)1/80483340, www.grandmarchestalingrad.com | **ÖPNV** Metro 2, 5, 7, Bus 26, 48, 54, Station Jaurès – Stalingrad | **Öffnungszeiten** täglich 8–18 Uhr | **Tipp** Der See von Villette war immer schon beliebtes Ausflugsziel mit *Guinguettes* genannten Tanzbars. Das heutige, künstliche Becken von 700 mal 70 Meter ist Treffpunkt vor allem für junge Pariser. Mit Kinos, Bars und Booten und Sportmöglichkeiten aller Art.

88 Die Salpeterie
Die berühmteste Nervenklinik der Welt

Ludwig XIV. unterzeichnete 1656 einen Erlass zur Schaffung eines Krankenhauses für die Armen und Bettler von Paris mit Extragebäuden für Männer, Frauen und Kinder. Keine Großherzigkeit, im Gegenteil. Auf dem Gelände der vormaligen Schießpulverfabrik (daher der Name) sollte niemand geheilt werden, es ging ums Wegsperren. Kein Mensch in Lumpen, ob krank oder verkrüppelt, Waisenkind oder Prostituierte, sollte den Blick des Sonnenkönigs trüben. Über 8.000 Menschen haben in diesem Moloch eingesessen, ein Prozent der Bevölkerung, vor allem Waisen und Frauen.

Mit den Reformen von Philippe Pinel nach 1795 galt Heilung zumindest als Möglichkeit, psychisch Kranke wurden auch nicht mehr angekettet. Nur für Frauen änderte sich wenig, im Volksmund hieß die Klinik »Hölle der Frauen«. Auf dem Gelände existierte ein eigenes Amphitheater, damit die Pariser Bürger sich über die Kranken belustigen konnten, auch den »Ball der epileptischen Kinder« oder den »Ball der verrückten Frauen« fand niemand sonderbar oder anstößig. Schließlich war »Hysterie« bis ins 20. Jahrhundert generell die Hauptdiagnose für weibliche Patienten. In der Rue des Petites Loges stehen sie noch, die einstöckigen Zellengebäude der Hysterikerinnen. Jean-Martin Charcot, der Begründer der modernen Neurologie und Ausbilder von Sigmund Freud, präsentierte jeden Dienstag seine »Lieblingshysterikerinnen« vor Publikum, stachelte sie mit Drogen, Hypnose und Schlägen zu Anfällen an. Das galt als modern und fortschrittlich, die Salpêtrière als wichtigste Nervenklinik Europas.

Heute ist das riesige Areal eine der größten und besten Kliniken weltweit. Hier wurde die erste Herztransplantation (1968) in Europa durchgeführt und das erste Kunstherz eingesetzt. Auch Lady Di wurde nach ihrem Unfall hierhergebracht. Jüngere Menschen kennen die Salpêtrière als Kulisse des Videospiels »Assassin's Creed Unity«.

Adresse 47–83, Boulevard de l'Hôpital, 75013 Paris, Tel. +33 (0)1/42160000, pitiesalpetriere.aphp.fr | **ÖPNV** Metro 6, Station Chevaleret; Metro 5, 10, Bus 24, 57, 61, 81, 89, 91, Station Gare d'Austerlitz | **Öffnungszeiten** Klinikgelände ist zugänglich, nach 19 Uhr werden Besucher aber als störend empfunden | **Tipp** Die Kirche Saint-Louis de la Salpêtrière mit ihrer oktogonalen Vierung stammt aus dem 17. Jahrhundert. Die Einteilung des Kirchenschiffs diente der Trennung von Geisteskranken und Bettlern, Männern und Frauen. Über den Cour Mazarin und die Rue Vincent de Paul gelangt man zur Rue des Petites Loges.

89 Der Schaltersaal
Der ehemalige Hauptsitz der »Société Générale«

Schon die Adresse Boulevard Haussmann 29, zwischen Opéra Garnier und den Einkaufspalästen »Lafayette« und »Printemps«, weckt Erwartungen an Luxus und gediegenen Stil. Aber der Schaltersaal im vormaligen Hauptsitz der Großbank »Société Générale« toppt alles. Kein moderner Wolkenkratzer aus Glas könnte derartig Eindruck erzeugen. Der von einer freitragenden Glaskuppel gekrönte Raum mit dem kreisrunden Hauptschalter darunter strahlt Ruhe, Sicherheit und Reichtum aus, ohne dabei übertrieben protzig zu wirken.

In nur sechs Jahren Bauzeit verwandelte der Architekt Jacques Hermant (1855–1930) den Gebäudekomplex in ein Bankhaus. Zur Einweihung 1912 erregte schon das prächtige Äußere mit seinem Bossenputz, geschmiedeten Portalen und Statuen über dem Haupteingang Aufsehen. Und dann das Innere: Marmormosaike von Eugène Bourdet auf den Böden, darin eingelassen zwölf durchbrochene Messingplatten für Belüftung und Heizung, Arkadenbögen aus geschmiedeten Eichenblättern, in den Ecken doppelläufige, halbrunde Treppen, überall Marmor und poliertes Holz, nicht nur am kreisförmigen Hauptschalter, Spitzname: der Käse. Dazu die alles dominierende gläserne Kuppel. In 23 Meter Höhe spannt sich wie ein Regenschirm eine Struktur selbsttragender Stahlprofile um eine Mittelrosette, ausgefüllt mit farbigen Glasbildern von Jacques Galland (1891–1922). Die Kuppel hat einen Durchmesser von 18 Metern und wirkt noch imposanter, weil sie schwerelos auf farbigen Glaswänden zu schweben scheint. Eine atemberaubende Konstruktion, die den quadratischen Raum belichtet und dabei rund erscheinen lässt.

Den Tresorraum darunter sichert eine 18 Tonnen schwere Stahltür mit einem Durchmesser von 2,80 Metern. Früher holten reiche Pariserinnen vor dem Opernbesuch ihre Geschmeide aus diesem Safe, weshalb die »Filiale« auch heute noch samstags geöffnet ist. Fotografieren ist hier übrigens streng verboten.

Adresse 29, Boulevard Haussmann 75009 Paris, Tel. +33 (0)1/53438700, www.societegenerale.com | **ÖPNV** Metro 3, 7, 8, Bus 22, 42, 68, Station Opéra; RERA, Station Auber | **Öffnungszeiten** Mo – Fr 9 – 17.30 Uhr, Sa 8.30 – 12.30 Uhr | **Tipp** Keine 700 Meter den Boulevard Haussmann in Richtung Osten, drei schöne Einkaufsgalerien: die »Passage de Panoramas«, die »Passage Jouffroy« und die »Passage Verdeau«.

90 Die Schatulle
Die Fondation Louis Vuitton

Am 27. Oktober 2014 feierte der spektakuläre Museumsbau im Norden des Bois de Boulogne offiziell Einweihung: Frank Gehrys Glaspalast für die Kunstsammlung der »Stiftung Louis Vuitton«, genauer des Luxuskonzerns »LVMH«. Dessen Chef Bernard Arnault war von Gehrys Guggenheim-Museum in Bilbao so begeistert, dass er den Amerikaner 2001 traf und für Paris gewinnen wollte. Fünf Jahre später wurde das 100-Millionen-Projekt erstmals vorgestellt. Die Nationalversammlung musste eigens ein Gesetz erlassen, das den Privatbau auf öffentlichem Grund erlaubte, unter der Bedingung, dass das Museum nach 55 Jahren an die Stadt falle. Die ursprünglich für 2009/2010 geplante Eröffnung musste wegen der innovativen, komplizierten Bautechnik mehrfach verschoben werden, die Kosten stiegen auf knapp 800 Millionen Euro.

Aber das Ergebnis kann sich sehen lassen, ein echter Schmuckkasten. Die meisten Besucher können gar nicht sagen, ob sie nun wegen der grandiosen Ausstellungen oder wegen des Bauwerks kommen. In einem Bassin mit künstlichem Wasserfall steht ein aus zwölf riesigen und dennoch sehr filigran wirkenden Stahl-, Holz- und Glasflächen zusammengesetztes Gebilde mit Platz für elf Galerien, ein Auditorium mit 1.000 Plätzen und diversen Aussichtsplattformen. Glasschiff sagen die einen, Eisberg oder Glaswolke andere.

In jedem Fall ein selbst für Gehry-Verhältnisse spektakulärer Auftritt. Die 3.600 Glaspaneele sind individuell geformt, kaum eines gleicht dem anderen. Für ihre Fertigung wurde extra ein spezielles Software-Programm entwickelt. Die Nachhaltigkeit des Baus in der ihn umgebenden Parklandschaft zu garantieren war eine weitere Aufgabe. Obwohl enorm groß, passt sich der Bau in die Landschaft ein, spielt mit Lichteffekten und Spiegelungen und erinnert dabei, sicher nicht unabsichtlich, zugleich an die Architektur des Grand Palais im Stadtzentrum. Es braucht ein bisschen Zeit, um beides, Gebäude und Ausstellungen darin, angemessen zu würdigen.

Adresse 8, Avenue du Mahatma Gandhi, 75116 Paris, Tel. +33 (0)1/40699600, www.fondationlouisvuitton.fr | **ÖPNV** Metro 1, Station Les Sablons; Bus 244 Station Jardin d'Acclimatation (am Wochenende Station Fondation Louis Vuitton) | **Öffnungszeiten** Mo, Mi, Do 11–20 Uhr, Fr 11–21 Uhr, Sa, So 10–20 Uhr, Di geschlossen | **Tipp** An besonderen Museen besteht in Paris kein Mangel. Immer den Besuch wert, auch wegen ihrer großartigen Architektur (und der Restaurants), sind Grand Palais und Petit Palais.

91 Der Skandal
Capitaine Dreyfus und sein Denkmal

Ein kleiner Platz am Boulevard Raspail, eine 3,50 Meter hohe Bronze: Ein Mann in Uniform präsentiert seinen zerbrochenen Säbel. Es ist Alfred Dreyfus, Opfer des größten Justizskandals in Frankreich. Sein Fall spaltet noch mehr als 100 Jahre nach dem Ereignis die Gesellschaft, ist Sinnbild für französischen Antisemitismus.

1894 stahl eine für den Geheimdienst tätige Putzfrau aus einem Mülleimer der deutschen Botschaft ein Papier, Beleg dafür, dass ein französischer Offizier den Deutschen geheime Informationen zuspielte. Fadenscheinige Beweise machten Capitaine Dreyfus zum Schuldigen, führten zum Urteil: lebenslange Haft auf der Teufelsinsel. Das Verfahren strotzte vor Rechtsbrüchen. Das gewünschte Ergebnis musste her: Ein Elsässer Jude konnte nur schuldig sein. Dreyfus wurde auf dem Hof der École Militaire degradiert, erniedrigt. Antisemitische Ausschreitungen begleiteten den Prozess. Dagegen betrieben Intellektuelle, Republikaner und Sozialisten die Rehabilitierung von Dreyfus, allen voran Émile Zola mit seiner Schrift »J'Accuse …!« (Ich klage an!) und Léon Blum. Auf der anderen Seite standen das Militär, Monarchisten, die katholische Kirche. Nach fünf Jahren Verbannung wurde das skandalöse Urteil aufgehoben, nach weiteren sieben Jahren Dreyfus rehabilitiert und wieder in die Armee aufgenommen. 1908 überlebte er im Ehrengeleit der Überführung von Émile Zolas Leichnam ins Panthéon knapp ein Attentat.

Aufregung produzierte auch das Denkmal. Die Statue von Louis Mitelberg sollte 1985 auf dem Hof der École Militaire aufgestellt werden. Das lehnte Verteidigungsminister Hernu ab. Ebenso wurde die Platzierung vor dem Kassationsgerichtshof verworfen. Blieb die kleine Place Pierre-Lafue. Für den letzten Skandal sorgte Dreyfus 1994: Eine Denkschrift zum Jahrestag des Urteils erklärte seine Unschuld zur »These«. Der Verfasser wurde umgehend aus dem Militärdienst entlassen.

Adresse 125, Boulevard Raspail, 75006 Paris | **ÖPNV** Metro 4, Station Vavin; Metro 12, Bus 58, 68, 82, Station Notre-Dame-Des-Champs | **Tipp** Bemerkenswerte Bauwerke in der Nähe zum Anschauen und auch Einkehren, in jeder Hinsicht sehr unterschiedlich, aber spannend: »Marché Saint-Germain«, »Restaurant Universitaire Mabillon« und »Le Bouillon Racine«.

92 Die Station F
Silicon Valley im alten Lokschuppen

Stellen Sie sich den Eiffelturm liegend vor. Das ist die Dimension der Pariser Variante des Silicon Valley. Ein riesiger Campus für junge Unternehmen aus der Start-up-Szene, untergebracht in einem ehemaligen Lokschuppen, 58 Meter breit und 310 Meter lang, das größte Zentrum dieser Art, zumindest in Europa. Hier sollen Ideen für die nahe und fernere Zukunft entstehen, neue Unternehmen gegründet, die Ökonomie 4.0 und 5.0 vorangetrieben werden.

Dafür stehen 3.000 Arbeitsstationen zur Verfügung, 60 Konferenzräume, große öffentliche Demonstrationsflächen, um erste Arbeitsergebnisse zu präsentieren. Es gibt mehrere Restaurants und Cafés, Chill-Bereiche für Sport und Entspannung, dazu ein Fitnesscenter, Waschräume, Appartements, sogar ein eigenes Postamt.

»Von Start-ups für Start-ups« ist das Credo. Zusammenarbeit ist gewollt, Anleitung oder Mentoren dagegen unerwünscht. Knapp 200 Euro pro Monat kostet die Mitgliedschaft. Dafür darf man sich als Teil der Familie junger Kreativer fühlen und vielleicht auch tatsächlich erfolgreiche Neuerungen entwickeln.

Hinter dem ganzen steht Xavier Niel, ein Unternehmer Jahrgang 1967, der sein Geld mit Sexkanälen für Handy und Internet verdient hat und heute als einer der reichsten Franzosen gilt. Er kontrolliert unter anderem den Internetanbieter »Free« und die Tageszeitung »Le Monde« und ist, gemeinsam mit einer kleiner Gruppe junger Internetmilliardäre, Mastermind und Financier für die meisten neuen, netzbasierten Unternehmen, in welchem Bereich auch immer. 2014 hatte Niel angekündigt, den weltweit größten Inkubator/Geburtshelfer für »Neue Technik und Medien« schaffen zu wollen. Am 29. Juni 2017 wurde die »Station F« in Anwesenheit von Präsident Emmanuel Macron eingeweiht. Ort des Geschehens: die »Halle Freyssinet«, eine Lokhalle aus dem Jahr 1929, benannt nach ihrem Konstrukteur Eugène Freyssinet. Die Station F bietet Infrastruktur. Wegweisende Inhalte müssen die Start-ups selbst produzieren.

Adresse 5, Parvis Alan Turing, 75013 Paris, www.stationf.co/fr | **ÖPNV** Metro 6, Station Chevaleret; Metro 14, Bus 89, Station Bibliothèque François Mitterrand, Bus 27, Station Nationale | **Öffnungszeiten** täglich 24 Stunden | **Tipp** Das »Big Mama« in der »Station F« bietet diverse Bars, Foodtrucks, Bahnwaggons und Self-Service-Stationen auf zwei Ebenen: eine trendige und sehr beliebte Innen- und Außengastronomie.

93_Der Strand
Sommergefühle in Paris

Tatsächlich war »Paris Plage« noch nie ein echter Strand. Seit ein paar Jahren gibt's auch keinen Sand mehr, und doch ist er die größte städtebauliche Errungenschaft des neuen Jahrtausends. Vor allem: ein großes Vergnügen für Besucher wie Bewohner.

2002 ließ Bürgermeister Bertrand Delanoë erstmals von Juli bis August ein Stück Seineufer für den Autoverkehr sperren und machte es für die Sommermonate zu Promenade und Strand: »Paris Plage« war geboren, eine Sommerfrische auf der rechten Seineseite. Die Firma »Lafarge« lieferte dazu umsonst normannischen Sand – bis das Sponsoring 2016 wegen Bestechungen in Syrien abgebrochen wurde. Der Erfolg von »Paris Plage« war so enorm, dass der für den Autoverkehr gesperrte Bereich jedes Jahr wuchs, bis schließlich die neue Bürgermeisterin Anne Hidalgo die tiefergelegten Schnellstraßen an beiden Uferseiten prinzipiell schloss. Die Autofahrer, besonders die aus dem reichen Neuilly, tobten. Aber unterdessen sind 60 Prozent der Pariser begeistert, denn die Luft in der Stadt wird besser, und der Zugewinn an Lebensqualität ist gar nicht zu beziffern.

Die Schnellstraße für täglich 100.000 Autos, auf der einst Lady Di zu Tode kam, ist heute ganzjährig Flaniermeile für Fußgänger und Fahrräder, Rollschuhe, Tretroller und E-Mobile aller Art. Es gibt Bars und Cafés, Bouleplätze, Trimmpfade, Klettergerüste für Kinder und Erwachsene und natürlich Sonnenwiesen. Kaum zeigen sich die ersten Strahlen, sitzt man hier mit Freunden, Wein, Baguette und Käse und genießt.

»Paris Plage« ist offiziell weiter auf die beiden Sommermonate begrenzt. Dann werden zusätzlich Liegestühle und Sonnenschirme angeboten, es gibt Wasserzerstäuber gegen die Hitze, Eisverkäufer, Kicker und Tischtennisplatten, Konzerte und Kultur. Und Tanz! Allein dafür lohnt es, Zeit einzuplanen, ob nun zum Zuschauen oder Selber-Tanzen, Salsa oder Jive, Tango oder Rock'n'Roll.

Adresse Rive Droite: Pont de la Concorde – Pont Sully; Rive Gauche: Passerelle Simone de Beauvoir – Pont de Sully und Pont Alexandre III – Pont Royal; Parvis de l'Hôtel de Ville (Metro 1, 11, Station Hôtel de Ville); Bassin de la Villette (Metro 2, 5, Station Jaurès; Metro 7, Station Stalingrad) | **Öffnungszeiten** täglich 8–24 Uhr | **Tipp** »Paris Plage« gibt es seit drei Jahren auch an anderen Plätzen: mit Beach-Volleyball und viel Musik vor dem Rathaus auf dem Parvis de l'Hôtel de Ville; mit Wassersport und Schwimmbecken am Bassin de la Villette.

94 Die Suite
Hommage an Marlene Dietrich

Das »Lancaster« ist ein Fünf-Sterne-Hotel mit 56 Zimmern in der Rue de Berri, einer schmalen Nebenstraße der Champs-Élysées nahe dem Triumphbogen. Ein schöne Bar, bester Service, ein Restaurant im Innenhof, gediegene Eleganz, nicht mehr ganz neu: das, was man erwarten darf. Der Blick ins Gästebuch verheißt allerdings das gewisse Etwas. Da finden sich Namen wie Orson Welles, Clark Gable, David Lynch, Philip Roth, Greta Garbo und Marlene Dietrich. Die Dietrich war nicht einfach nur Gast in dem 1889 als Herrenhaus konzipierten und 1925 vom Schweizer Hotelier Emile Wolf umgebauten Hotel. Sie hat hier knapp drei Jahre von 1937 bis 1939 gelebt. Natürlich in der größten Suite, die selbstverständlich nach ihren Wünschen in puncto Farbe, Mobiliar und Ausstattung gestaltet wurde, inklusive Flügel. Die Suite 401 heißt deshalb auch heute noch ihr zu Ehren »Marlene Dietrich«. Sie wurde natürlich modernisiert, aber Gestaltung und Farbgebung blieben, ebenso ihr Flügel.

Joseph Goebbels sagte Marlene Dietrich 1936 horrende Gagen und freie Wahl bei Drehbuch und Regisseur zu, wenn sie aus den USA zurückkäme. Die Dietrich lehnte ab, zog stattdessen in die Stadt ihres Geliebten Jean Gabin und unterstützte deutsche Emigranten. Auch Reichsaußenminister von Ribbentrop versuchte sie bei einem Besuch in der Suite zur Rückkehr zu überreden, während sich im Bad der »verbrannte Dichter« Erich Maria Remarque versteckte. Dem hatten die Nazis seine Staatsbürgerschaft schon 1938 aberkannt; Marlene Dietrich gab die ihre im Juni 1939 ab. Für ihren Einsatz gegen die Nazis erhielt der Weltstar die »Medal of Freedom«, den höchsten Orden der USA, und seit 1950 war sie Ritter der Ehrenlegion in Frankreich.

Nach Paris kehrte sie 1976 zurück, lebte hier bis zu ihrem Tod 1992. Zunehmend alkohol- und drogenabhängig, verließ sie ihr Appartement in der Avenue Montaigne 12 die letzten Jahre nicht mehr.

Adresse 7, Rue de Berri, 75008 Paris, Tel. +33 (0)1/40764076, www.hotel-lancaster.com | **ÖPNV** Metro 1, Bus 73, Station George V; Metro 1, 2, 6, RER A, Station Charles-de-Gaulle – Étoile | **Öffnungszeiten** Besichtigung der Suite ist auf Nachfrage möglich, wenn sie frei ist. | **Tipp** In der Rue de Courcelles 48 steht, fünf Stockwerke hoch und auffällig dunkelrot, eine chinesische Pagode. 1925 ließ der Kunsthändler und Mäzen Ching Tsai Loo das Haus so umgestalten. Heute ist es Teesalon und Museum für asiatische Kunst.

95 Das Theater
Drei Säle und einige Skandale

Das Tourismusbüro Paris notiert zum »Théâtre des Champs-Élysées«, es sei »einer der schönsten Veranstaltungsorte von Paris«, stehe »sinnbildlich für die französische Architektur«. Schon richtig, aber nicht ganz. Bereits der Name täuscht: Das Theater liegt nicht am Champs-Élysées, sondern in der Avenue Montaigne, der mondänsten Adresse der Stadt. Und für seine Architektur zeichnen mit Auguste Perret und Henry van de Velde zwei Belgier verantwortlich. Der Rest ist untertrieben: Das Theater ist optisch wie akustisch ein Traum und wartet ständig mit besonderen Highlights auf.

Von 1911 bis 1913 baute Perret das Theater nach Ideen van de Veldes in einem Mix aus Jugendstil, Art déco und Klassizismus. Die Betonkonstruktion ist mit weißem Marmor verkleidet und zeigt im Giebel drei Flachreliefs von Antoine Bourdelle. Innen drei Säle: der Konzertsaal (1.905 Plätze) für Ballett und Oper, vor allem aber der zeitgenössischen Musik gewidmet; dazu die Komödie (601 Plätze) und das Studio (230 Plätze) für Schauspiel und Experimentelles.

Gleich die allererste Aufführung am 2. April 1913 erregte Aufsehen: Claude Debussy dirigierte seine Sinfonie »La Mer«, Paul Dukas seinen »Zauberlehrling« und Vincent d'Indy das Preludium seiner Oper »Fervaal«. Einen Monat später sorgten zwei russische Ballette für Skandale: Am 15. Mai inszenierte Nijinsky das Werk »Jeux« von Debussy – viel zu modern für das Publikum; für echten Aufruhr sorgte am 29. Mai die Premiere von Igor Strawinskys »Le Sacre du Printemps«. Der anwesende Strawinsky, dessen Musik heute als Schlüsselwerk der Moderne gilt, wurde gnadenlos ausgepfiffen. Ob es der Inszenierung Nijinskys galt, der Musik oder den Kostümen von Nicolas Roerich, ist nicht mehr zu ergründen. Jedenfalls waren Komponist und Theater fortan ein Begriff. Im Studio wurden Dada »miterfunden«, in der Komödie Shaw und Cocteau uraufgeführt.

Adresse 15, Avenue Montaigne, 75008 Paris, Tel. +33 (0)1/49525000, www.theatrechampselysees.fr | **ÖPNV** Metro 9, Bus 42, 63, 72, 80, 92, Station Alma – Marceau; RER C, Station Pont de l'Alma | **Öffnungszeiten** geführte Touren (1,5 Stunden), Anmeldung unter Tel. + 33 (0)1/49525050 | **Tipp** Die Sonntagskonzerte, immer um 11 Uhr, sind ein idealer Einstieg in den Tag. Das Restaurant »Maison Blanche« bietet mittags und abends gehobene Küche auf zwei Dachterrassen und wird Samstagnacht zum exklusiven Dance-Club.

96 Der Totempfahl
Die Hochhäuser der Front du Seine

Er war einmal das höchste Wohngebäude der Stadt, der »Tour Totem«. Entworfen vom Büro ANPAR der Architekten Michel Andrault und Pierre Parat, gebaut 1976 bis 1979, direkt am Ufer der Seine. Er reizte mit 100 Meter Höhe das Maximum des damals Erlaubten aus. Der Turm ist Teil eines Viertels von insgesamt 20 Hochhäusern, das Paris ab 1970 eine moderne Skyline südlich des Eiffelturms verleihen sollte. Der Name Totempfahl leuchtet ein: Das Gebäude mit seinen 207 Wohnungen auf 31 Stockwerken hat Ähnlichkeit mit den geschnitzten Symbolzeichen nordamerikanischer Indianerstämme.

»Skelett und Struktur eines Bauwerks, das ist Architektur – der Rest ist Dekoration«, so lautete das dem Stil des Brutalismus verpflichtete Credo der zwei Architekten in den 1970ern. Folgerichtig besteht der Turm aus einem Betonkern, dem Skelett, um das herum sich dann Aufzüge, Treppenhäuser und Verbindungsflure gruppieren. Die dreistöckigen, großflächig verglasten Wohnmodule sind darin sozusagen eingehängt. Damals das Modernste des Modernen, waren (und sind) die Wohnungen vor allem in den oberen Stockwerken begehrte und teure Luxusimmobilien, nicht nur wegen des Ausblicks auf Seine und/oder Eiffelturm.

Das Quartier sollte nach dem Willen der Stadtplaner zentrumsnah eine zukunftsgewandte, neue Urbanität begründen. Das ist bestenfalls teilweise geglückt, trotz tollem Blick, der künstlichen »Schwaneninsel« als Naherholungsgebiet direkt vor der Tür, dem Park André-Citroën und dem Eiffelturm in der Nähe sowie Einkaufsmöglichkeiten und Freizeitangeboten. Das liegt vor allem daran, dass die Stadtplanung der Zeit vorrangig nach den Bedürfnissen von Autofahrern ausgerichtet war. Lebensqualität war motorisierte Mobilität. Das Architektenduo ANPAR hat mit den zwei Türmen der »Societé Générale«, den Wolkenkratzern »Kupka« und »Séquoia« (alle in La Défense) und dem »Tour Tolbiac« weitere Landmarken in Paris gesetzt.

Adresse 55–59, Quai de Grenelle, 75015 Paris | ÖPNV Metro 6, Station Bir-Hakeim; Metro 10, Station Charles Michels; Bus 70, Station Pont de Grenelle | Öffnungszeiten nur von außen zu besichtigen, da Privatwohnungen | Tipp Auf der Spitze der Île aux Cygnes steht eine 11,50 Meter hohe Kopie der Freiheitsstatue. Ein Geschenk von Amerikanern, die in Paris leben. Es gibt noch vier weitere, je eine im Jardin du Luxembourg und im Musée d'Orsay und zwei im Musée Arts et Métiers, darunter das Modell von Frédéric-Auguste Bartholdi für die »Liberty« in New York.

97 Der Tower-Flower
Die Sensation von 2004 – die grünen Balkone

Sozialer Wohnungsbau bedeutet in aller Regel möglichst viel Fläche für kleines Geld, und das sieht man den Gebäuden dann auch an. In der Regel jedenfalls. Anders in Asnières, einem Viertel im nördlichen Paris, eingeklemmt zwischen Périphérique und den Bahntrassen zur Gare St.-Lazare.

Auf dem komplizierten Areal wurde das Raumkonzept »offene Insel« des ersten französischen Pritzker-Preisträgers Christian de Portzamparc umgesetzt. Rund um einen Park als Zentrum des Lebens stehen 20 Gebäude in lockerer, offener Reihe. Eines davon ist der »Tower-Flower« von Edouard François, fertiggestellt 2004. Ein Wohnturm mit zehn Etagen, gestellt auf eine dreigeschossige Tiefgarage. 30 Wohnungen, 2.600 Quadratmeter Fläche. Die Baukosten von nur vier Millionen Euro waren nicht die einzige Sensation, vielmehr das, was dafür geliefert wurde, nämlich die Verlängerung des Parks in die Vertikale. Auf den Balkonen des Turms wurden 380 große Töpfe aus ultraleichtem Spezialbeton mit fest installierter Bewässerungsanlage verbaut (ausgenommen die Nordseite) und mit wetterhartem Bambus bepflanzt. Folge: Das Bauwerk verschwindet förmlich hinter der Vegetation. Die schafft nach außen Einheitlichkeit und nach innen Wohnlichkeit. Sie filtert Staubpartikel aus der Luft, dämmt Lärm und Licht. Auf die Frage, was ihn inspiriert habe, äußerte der Architekt schlicht, dass die Menschen ihre Balkone eh bepflanzen würden.

Ebenso pragmatisch ist Edouard François die Gestaltung des Inneren angegangen. In den Wohnungen selbst gibt es keine tragenden Wände. Weil Menschen unterschiedliche Bedürfnisse und Geschmäcker haben, können (und müssen) sie ihre unmittelbare Umgebung selbst gestalten. Das Bauwerk ist 15 Jahre alt und wirkt gleichwohl so modern wie 2004. Vor allem aber tragen weder der »Tower-Flower« noch das Viertel das Stigma sozialen Wohnungsbaus. Im Gegenteil, es wirkt lebenswert.

Adresse 23, Rue Albert Roussel, 75017 Paris | **ÖPNV** Metro 13, RER C, Station Porte de Clichy; Bus 53, 94, Station Porte d'Asnières | **Öffnungszeiten** nur von außen zu besichtigen | **Tipp** Vom selben Architekten stammt die Wohnanlage »Eden Bio« (21, Rue des Vignolles) und der »Turm der Biodiversität – M6Be« (32, Boulevard du Général d'Armée Jean Simon). In der Rue André-Suarès in Asnières steht übrigens der letzte Rest der Thiers'schen Befestigungsmauer.

98 Die Treppe
Die kürzeste Straße von Paris

Die Bezeichnung Straße ist ziemlich hochtrabend für 14 Treppenstufen zwischen zwei fensterlosen, bemalten Hauswänden. Denn genau das ist die Rue des Degrés: eine kurze Treppe, nach offizieller Messung 5,75 Meter lang und 3,30 Meter breit. Trotzdem ist die Rue des Degrés nicht die kürzeste Straße der Welt. Steht man vor ihr, mag man das selbst beim besten Willen nicht glauben.

Zwischen 1356 und 1383 wurde hier im Auftrag von König Karl V. (1338 – 1380), genannt der Weise, eine Stadtmauer gebaut. Die Rue de Cléry am unteren Ende der Treppe entspricht gemeinsam mit der Parallelstraße Rue Aboukir dem damaligen Befestigungsgraben. Eben da, vor der Stadtmauer, kippten die Menschen ihren Müll ab, und zwar so viel, dass mit der Zeit ein kleiner Hügel entstand, im Volksmund spöttisch *Mont merveilleux, der prächtige, hochmütige*, genannt. (Ganz in der Nähe trägt eine Straße den Namen bis heute, die Rue Montorgueil.) Unter dem in unzähligen Mantel-und-Degen-Romanen als Kardinal Richelieus Mündel verewigten Ludwig XIII. (1601 – 1643), Sohn von Maria de Medici und Vater des späteren Sonnenkönigs Ludwig XIV., wurde die Stadtbefestigung aufgebrochen und erweitert. Dadurch entstand Mitte des 17. Jahrhunderts ein neues Viertel, das im Wesentlichen dem heutigen 2. Arrondissement entspricht – und darin ein kurzer Weg den Berg hinauf, genannt Stufenstraße, die Rue des Degrés.

Im Film »Monsieur Ibrahim und die Blumen des Koran«, mit dem Omar Sharif sein Comeback feierte, spielt die Straße als Treffpunkt der Prostituierten des Viertels eine wichtige Rolle. Eine historische Quelle für diese »Nutzung« gibt es nicht, aber wer durch das Viertel läuft, kommt nicht umhin, die Damen wahrzunehmen.

Der Vollständigkeit halber: Die kürzeste Straße der Welt – mit 2,06 Metern nicht einmal halb so lang wie die Rue des Degrés – liegt im schottischen Wick und heißt (auch etwas hochtrabend) Ebenezer Place.

Adresse Rue des Degrés, 75002 Paris | **ÖPNV** Metro 4, 8, 9, Station Strasbourg – Saint-Denis; Bus 20, 39, Station Porte Saint-Denis | **Tipp** Das Haus am Eck Rue Beauregard/Rue de Cléry mit dem Namen »Pointe Trigano« ist das schmalste in Paris: ein Raum in jedem der fünf Stockwerke. Und der Triumphbogen Porte Saint-Denis an der gleichnamigen Straße ist Vorbild des berühmteren auf der Place Charles-de-Gaulle.

99 Die Tribüne
Nicht nur zum Pferderennen

Im April 2018 wurde die neue Tribüne von Longchamp, eine der berühmtesten Galopprennbahnen der Welt, eingeweiht. 160 Meter lang und 35 Meter hoch, filigran und lang gestreckt, bietet sie auf drei Ebenen Platz für 10.000 Zuschauer. Darüber ein viertes Niveau mit Privatlogen, VIP-Lounges und Dachterrassen.

Für 153 Millionen Euro hat der französische Stararchitekt Dominique Perrault (Ehrenmitglied des Bundes Deutscher Architekten und des britischen Pendants) eine kompakte und doch leicht wirkende Tribüne geschaffen, die Assoziationen an Pferde im gestreckten Galopp wecken soll. Nirgends schwerer Beton, stattdessen mit Holz belegte Stufen, Brüstungen aus lichtundurchlässigem Glas, der Gebäudekörper mit bronzefarbenem Aluminium verkleidet. Die Ränge sind leicht geneigt, um perfekte Sicht auf die Zielgerade zu gewähren, das oberste Stockwerk ragt 20 Meter über, streckt den Bau so optisch noch mehr und fungiert zugleich als Dach. Die Innenbereiche, ebenfalls in Bronze- sowie Goldtönen gehalten, erinnern an Theaterfoyers. Ein echter Wurf.

Der war auch nötig. Egal wie schön und geschichtsträchtig die 57 Hektar große Anlage von Longchamp auch ist, und auch wenn der an jedem ersten Oktoberwochenende ausgetragene »Prix de l'Arc de Triomphe« zu den drei wichtigsten Rennen der Welt zählt: Der Pferderennsport hat im Laufe der Jahre seine Anziehungskraft ebenso eingebüßt wie seinen mondänen Charakter. Neue Attraktionen müssen her, am besten solche mit Mehrfachnutzen. So bietet die neue Tribüne auch eine traumhafte Sicht auf die Pariser Skyline vom Grande Arche bis zum Eiffelturm, nicht nur an Renntagen, sondern auch zur jährlichen Gartenparty »Juddmonte« und im Sommer, Mai bis September, immer donnerstags zu After-Work-Partys. Das soll vor allem eine jüngere Klientel anziehen, ebenso wie die beiden zweitägigen Musikfestivals »Lollapalooza« und »Solidays«.

Adresse 2, Route des Tribunes, 75016 Paris, www.france-galop.com, www.parislongchamps.com | **ÖPNV** Bus 241, Station Les Moulins – Camping; Bus 244, Station Hippodrome de Longchamp; an Renntagen Gratisbusse ab Metrostation Porte Maillot und Porte d'Auteuil | **Öffnungszeiten** an Renntagen und zu Festivals | **Tipp** Den besten Blick auf die Tribüne hat man (fast) jederzeit und gratis vom Parkplatz des Golfplatzes im Innenraum der Rennbahn aus. Da sieht man zudem die schönen Gebäude des alten Renntoto.

100 Die UNESCO
Die Architekturikone von Breuer, Nervi und Zehrfuss

Auf ihrer konstituierenden Versammlung 1945 in London beschloss die UNESCO, sich in Paris niederzulassen. Zunächst zog die Organisation ins »Hôtel Majestic«, das heutige »Peninsula« auf der Avenue Kléber, von Anfang an eine Übergangslösung. Ein Neubau musste her. Es war politischer Wille, dass das Gebäude stilprägend ausfallen sollte, um der Idee der Völkerverständigung durch Bildung und Kultur Ausdruck zu verleihen. Die Architekturgiganten Le Corbusier und Walter Gropius wurden mit der Aufsicht über das Projekt betraut, das dann von den nicht minder renommierten Baumeistern Marcel Breuer, Pier Luigi Nervi und Bernard Zehrfuss als Gemeinschaftsprojekt geplant und gebaut wurde. Der erste Spatenstich erfolgte am 10. April 1955, die Einweihung am 3. September 1958. Ergebnis: ein Dreizack in Form eines Ypsilons, sieben Stockwerke hoch. Dazu halb unterirdische Etagen, und verbunden durch einen Gang, das sogenannte Akkordeongebäude mit dem großen Konferenzsaal. Die wegweisende Optik des Baus lässt sich am besten aus der Luft oder im Modell erkennen. Für Jahrzehnte ein Symbolbild. Das gilt ebenso für das Meer der 195 Flaggen der Mitgliedsstaaten neben einer großen Weltkugel vor dem Gebäude. Und erst recht für die Kunst darin. Picasso und Miró, Giacometti und Moore, Brassaï und Matta, um nur einige zu nennen.

Weil immer mehr Staaten der UNESCO beitraten, erwies sich der Dreizack vom ersten Tag an als zu klein. Es gibt Erweiterungsbauten innerhalb des eingezäunten Geländes von Roberto Burle Marx und den Meditationsraum von Tadao Andō, weitere stehen gegenüber in der Rue Miollis. Die Besichtigungsmöglichkeiten sind nach den diversen Anschlägen eingeschränkt. Trotzdem bleibt die UNESCO ein öffentliches Gebäude, besonders für Schulklassen. Das gilt bei Messen, Kongressen und Debatten und – mit Reservierung – auch für das Restaurant im siebten Stock.

Adresse 7, Place de Fontenoy, 75007 Paris, Tel. +33 (0)1/45681000, www.unesco.org | **ÖPNV** Metro 6, Bus 80, Station Cambronne; Metro 10, Station Ségur; Metro 8, Station École Militaire; Bus 28, 87, Station Duquesne | **Öffnungszeiten** zurzeit nur Gruppenführungen, Di–Do 10 und 15 Uhr, Fr 10 Uhr | **Tipp** Die Place de Breteuil ist besonders bei Hobby-Fotografen beliebt, denn sie bietet gleichzeitig einen freien, unverstellten Blick auf den Eiffelturm und auf den Invalidendom.

101 Die Unterwelt
Die erste Kanalisation einer modernen Großstadt

Paris ging jahrhundertelang mit Wasser so um wie (abgesehen von Rom) alle Siedlungen: Trinkwasser kam aus Brunnen und Fluss, Abwasser floss offen über Straßen und kleine Kanäle in den Fluss zurück. Das stank und machte krank. Als die Bevölkerung wuchs und mehr Wasser brauchte, wurde es über Aquädukte herangeschafft. Die Kloake blieb. Bestenfalls lief sie nicht mehr offen. 1605 wurde damit begonnen, Abwasserkanäle zu deckeln, und bis 1800 gab es davon 36 Kilometer. Die Cholera-Epidemie von 1832 verhinderte das nicht.

Die radikale Änderung setzte ab 1855 der Bauingenieur Eugène Belgrand durch. Er entwarf die erste echte Kanalisation. Baron Haussmann machte das oberirdische Paris zur modernsten Stadt der Welt, Belgrand erledigte die nämliche Aufgabe unterirdisch. Ein Jahrhundertwerk, bis heute die Basis des Wasserwesens in Paris. Jede Straße erhielt mindestens einen Abwasserkanal, an den alle Gebäude seit 1894 verpflichtend angeschlossen wurden; Sickergruben wurden verboten, das gesammelte Brauchwasser per Schwerkraft auf Rieselfelder südlich der Stadt geleitet. Belgrands Kanäle sind übermannshoch, also begehbar und somit leicht zu warten. Sie transportieren auf getrennten Wegen Ab-, Regen- und Trinkwasser, Letzteres in Firstleitungen. Innerhalb weniger Jahre wurden Hunderte Kilometer der unterirdischen Kanäle gegraben. Heute sind es über 2.100, mit modernster Technik betrieben, aber das System ist nach wie vor das von Eugène Belgrand.

Im Musée des Égouts kann man das bestaunen. Zehn Meter unter der Erde sind 500 Meter Kanalsystem öffentlich. Das stinkt weniger, als man befürchten muss, und beeindruckt durch die schiere Größe. Das gilt auch für die Reinigungskugeln von Belgrand. Sie verengen den Durchmesser der Rohre und erzeugen physikalisch einen Druckstrahl, der Ablagerungen wegspült. Bis Anfang 2020 ist das Museum wegen Renovierung geschlossen.

Adresse 93, Quai d'Orsay, Pont de l'Alma, 75007 Paris | **ÖPNV** Metro 9, Station Alma – Marceau; RER C, Bus 42, 63, 80, 92, Station Pont de l'Alma | **Öffnungszeiten** Sa – Mi 11 – 17 Uhr (Mai – Sept.), 11 – 16 Uhr (Okt. – April) | **Tipp** Der ideale Platz, um an der frischen Luft zu entspannen, heißt »Jardin Flottant Niki-de-Saint-Phalle«. Fünf Pontons auf der Seine. 1.800 Quadratmeter, wild bewachsen mit Sträuchern und Kräutern, dazu Bänke und Liegestühle. Seit 2013 an den Berges de Seine, Quai d'Orsay.

102 Das Vaterhaus
Das Museum Belmondo

Ein eigenes Museum für »Bébel«, ist das nicht doch etwas übertrieben, fragen sich selbst Fans des Filmstars, wenn sie im Süden von Paris, meist zufällig, auf die Hinweisschilder zum Musée Belmondo treffen.

Nun, die Geschichte geht so: 1857 kaufte Jacob Mayer de Rothschild (1792–1868), Gründer der französischen Linie der Rothschilds, das Château Buchillot als *folie*, als kleines Lustschloss, hauptsächlich um dessen Gartenpark seinem bereits riesigen Anwesen zuschlagen zu können. Als der Park nach dem Krieg unter anderem durch eine Autobahntrasse mehrfach geteilt wurde, fand sich das Landhaus abgeschnitten und nutzlos in einem nunmehr »kleinen« Garten: viel zu groß für ein Wohnhaus, aber nicht groß genug für administrative Zwecke. So hatte auch die Gemeinde Boulogne-Billancourt als Besitzer so recht keinen Bedarf an dem Gebäudeensemble, bestehend aus drei Flügeln um einen Innenhof, und es geriet in Vergessenheit.

Im Jahr 2007 nahm die Geschichte eine Wendung. Die drei Kinder des vielfach ausgezeichneten Pariser Bildhauers Paul Belmondo waren es leid, mit der Stadt über ein angemessenes Gebäude für die Ausstellung der väterlichen Werke zu verhandeln. Sie entschlossen sich, die Skulpturen und über 900 vom Vater entworfenen Medaillen sowie Zeichnungen und Teile des Ateliers dem Ort zu stiften, der ein hinreichend großes Gebäude anbot. Und da erinnerte die Gemeinde Boulogne-Billancourt sich ihres Châteaus Buchillot. Für 2,7 Millionen Euro wurde das Haus zeitgemäß renoviert und 2010 als Museum Belmondo eröffnet. Im Hof wird der Besucher von den Bildnissen eines gehenden Mädchens und eines liegenden Jünglings begrüßt, innen sollen viele der Plastiken ausdrücklich angefasst werden.

Und ja: Eines der drei Kinder Belmondos – und wahrscheinlich wohl auch Hauptfinanzier des Museums – ist Jean-Paul, genannt Bébel. Für Fans steht im Haus eine Büste des Schauspielers: als Vierjähriger.

Adresse 14, Rue de l'Abreuvoir, 92100 Boulogne-Billancourt, Tel. +33 (0)1/55186901 | **ÖPNV** Metro 10, Station Boulogne – Jean Jaurès; Bus 123, Station Hôpital Ambroise Paré | **Öffnungszeiten** Di – Fr 14 – 18 Uhr, Sa, So 11 – 18 Uhr | **Tipp** Ende 2019 soll nebenan der schönste japanische Garten außerhalb Japans (Jardin Albert Kahn) wiedereröffnet werden. Das zugehörige grandiose Fotomuseum wird noch weitere zwei bis drei Jahre renoviert.

103 Das Velodrom
Die mörderische Vergangenheit eines Radstadions

Wie schreibt man über ein Gebäude, das es nicht mehr gibt? Gar nicht geht nicht, denn die Geschichte ist wichtig: Sie handelt vom ehemaligen Pariser Radstadion »Vélodrome d'Hiver«, der französischen Kollaboration mit den Nazis und von toten Kindern.

1902 ließ Henri Desgrange, der Begründer der Tour de France, in eine Maschinenhalle eine Winter-Radrennbahn einbauen. Die Halle wurde abgerissen, um freie Sicht auf den Eiffelturm zu haben. Desgrange baute in der Nachbarschaft neu: eine 250 Meter lange Bahn in einer Halle mit freitragendem Glasdach auf einer Stahlkonstruktion. Tribünen auf drei Etagen, 17.000 Sitzplätze.

Am 16./17. Juli 1942 fand eine Großrazzia statt. Marschall Pétain, Chef des Vichy-Regimes, wollte alle Pariser Juden verhaften und nach Auschwitz transportieren lassen. Es gab Warnungen, viele Männer flohen, tauchten unter im Irrglauben, nur sie würden verhaftet. Die Razzia war eine französische Angelegenheit. 4.500 Gendarmen und Polizisten waren beteiligt. Die Vichy-Schergen verhafteten insgesamt 13.000 Juden. 8.160 von ihnen, darunter 4.115 Kinder und 2.916 Frauen, wurden im »Vel' d'Hiv« eingepfercht – ohne Nahrung, ohne Wasser, ohne Toiletten. Der Juli 1942 war besonders heiß. Unter dem Glasdach herrschten mörderische Temperaturen. 30 Menschen starben schon hier, bevor sie in Viehwaggons nach Auschwitz-Birkenau geschafft und vernichtet werden konnten.

Viele Franzosen tun sich bis heute schwer mit diesem Teil der eigenen Geschichte. Zwar erinnert seit 1946 eine Tafel an »Le Rafle du Vélodrome d'Hiver«, aber erst 1994 nahm Präsident Mitterrand an einer Gedenkfeier für die Opfer teil. Jacques Chirac war der Erste, der sich am 16. Juli 1995 für die französischen Taten entschuldigte. Marine Le Pen stritt dagegen noch 2017 jede Verantwortung Frankreichs ab. Heute erinnern Tafeln in einer Gedenkstätte an die jüdischen Kinder des Velodroms.

Adresse 7, Rue Nélaton, 75015 Paris | **ÖPNV** Metro 6, Station Bir-Hakeim; RER C, Station Champs de Mars | **Öffnungszeiten** täglich 9–18 Uhr, sonntags manchmal geschlossen | **Tipp** Seit 2008 findet sich auch auf dem Boulevard de Grenelle eine Gedenktafel. Und auf der Promenade du Quai de Grenelle steht seit 1994 eine Plastik des polnischen Bildhauers und Auschwitz-Überlebenden Walter Spitzer.

104 __ Die Villa
Ein verstecktes Kleinod im Amüsierviertel

Zwischen der Place Blanche und der Place Pigalle, inmitten von Sexshops, Bars und Striplokalen, kein zweites hat den Nimbus des »Moulin Rouge«, kann man am Boulevard de Clichy den Eingang des Hauses Nummer 58 bis 60 leicht übersehen. Aber hinter dem schmiedeeisernen Tor versteckt sich eines der schönsten Häuser von Paris und eines seiner bestgehüteten Geheimnisse: die »Villa des Platanes«. An der Fassade zum Boulevard ist der halbrunde, verglaste Erkerturm eine Augenweide, signiert vom Architekten Léon Deloeuvre. Doch das wirklich eindrucksvolle Bauwerk steht ungewöhnlicherweise auf dem Hof, sonst vorbehalten Werkstätten und Massenquartieren, mit deren Vermietung der Hausherr das Vorderhaus und seinen Lebensstil finanzierte. Hier ist es anders. Ein Doppelgang unter zweifarbig gekacheltem Kreuzrippengewölbe führt von der Straße zum sich erst spät öffnenden Hof. Was dann zu sehen ist, würde man, stünde es auf dem Land, als Schloss bezeichnen.

Der Eingang des bordeauxroten, mit weißem Sandstein eingefassten Hauses liegt in der Beletage. Hinauf führt eine hufeisenförmige Freitreppe aus Marmor, doppelläufig, beleuchtet von zwei schwarzen, fast lebensgroßen Statuen als Lampenhalter. Fontainebleau in der Stadt – zumal sich in der rechten Ecke des begrünten Hofes ein zweiter Eingang dieser Art findet. Paris verbirgt viele Schätze hinter seinen hohen Mauern; ein zweites Bauwerk wie die »Villa des Platanes« gibt es nicht.

An der linken Wand eine weitere Überraschung: Drei Flachreliefs erinnern an die 71 Tage der Commune. Eines zeigt den Tod von Jean-Baptiste Clément – Dichter der Revolutionshymne »Le Temps des Cérises« (Die Zeit der Kirschen). Warum die Reliefs im erst 25 Jahre nach Niederschlagung der Commune gebauten Ensemble? Niemand weiß es. Es gibt keine Aufzeichnungen. Nur dass Clément zu den Verteidigern von Montmartre gehörte, ist belegt.

Adresse Villa des Platanes, 58–60, Boulevard de Clichy, 75018 Paris | **ÖPNV** Metro 2, Bus 30, 54, 74, Station Blanche; Metro 12, Station Pigalle | **Öffnungszeiten** Privathaus, keine Führungen. Tagsüber wartet man aber selten lange darauf, dass jemand das Tor öffnet. | **Tipp** Das riesige Glasfenster in der Fassade der »Villa Frochot« ist besonders schön, wenn es nachts beleuchtet ist. Für den Club dahinter bedarf es einer Einladung. In der Privatstraße Avenue Frochot wohnten viele Künstler, unter anderem Django Reinhardt.

105 Das Volkshaus
Eine Arbeiterbildungsstätte namens »La Bellevilloise«

Das blutige Ende der Pariser Commune änderte nichts am Willen der Arbeiter, sich nicht länger unterdrücken zu lassen. Ein erster konkreter Ausdruck ihrer Beharrlichkeit steht bis heute: das Volkshaus in den Hügeln von Belleville.

Am 21. Januar 1877 gründeten 18 Metallarbeiter eine Kooperative. Ziel: die Direktvermarktung landwirtschaftlicher Produkte. Der Osten von Paris war zwar Arbeitergegend, aber noch keine 20 Jahre in die Stadt eingemeindet. Zwischen den Häusern lagen noch Weinberge, vor allem aber Kleingärten zur Selbstversorgung. Das Syndikat organisierte den Handel; die Produkte blieben frisch und vor allem für Arbeiterfamilien bezahlbar. Dazu wurde Politik diskutiert. Aus einem wurden mehrere Syndikate und schließlich eine Massenbewegung mit gut 15.000 Mitgliedern sowie 20 Läden allein im 19. und 20. Arrondissement (1920). Auch das »La Bellevilloise« entwickelte sich. Von Beginn an war es als Stätte der Bildung und Kultur gedacht. Jetzt gab es Konferenzsäle, ein Kino, ein Orchester, eine Volksuni und eine Versicherung. In der ersten Etage hielt Jean Jaurès flammende Reden, im Erdgeschoss wurden Eier, Butter und Gemüse fair gehandelt. Zum 50. Jahrestag 1927 war das zweite Gebäude fertig (Nummer 25). Wie viel Mühe und Liebe in Ermangelung von Geld in das Haus investiert wurde, kann man sehen: die verzierte Backsteinfassade, der Name »La Bellevilloise« im Türsturz, die Worte »Wissenschaft« und »Arbeit« unter den Fenstern, ein ziseliertes Geländer vor dem Dachbalkon und natürlich die Schmiedearbeit mit Hammer und Sichel.

Im Zweiten Weltkrieg okkupierten französische Faschisten und Kollaborateure das alles. Seit 2006 sind beide Häuser wieder eröffnet: eine Schule für Theater und Tanz im einen, im anderen das Restaurant »Aux Oliviers«, zugleich einer der beliebtesten und besten Veranstaltungsorte für Musik und Kultur der ganzen Stadt. Und auf den Namen »La Bellevilloise« ist man wieder stolz.

Adresse 19–21, Rue Boyer, 75020 Paris, Tel. +33 (0)1/46360707, www.labelleviloise.com |
ÖPNV Metro 2, Bus 26, 96, Station Ménilmontant; Metro 3, Station Gambetta; Bus 61, 69, Station Martin Nadaud | **Öffnungszeiten** Mi, Do 19–1 Uhr, Fr, Sa 19–2 Uhr, So 11.30–16 Uhr, Terrasse ab 18 Uhr (nur Sommer) plus Veranstaltungen | **Tipp** Jean Jaurès, Mitgründer der Französischen Sozialistischen Partei, war leidenschaftlicher Pazifist. Am 31. Juli 1914 wurde er ermordet. Eine Plakette an der »Taverne du Croissant«, Rue Montmartre 146, erinnert daran. Sein Mörder wurde freigesprochen, die Kosten des Prozesses seiner Frau auferlegt.

106 Die Wand
»Ich liebe dich« in 250 Sprachen

Ist sie romantisch? Gar politisch? Oder schlicht Kitsch? Die Bewertung der blauen Wand von Frédéric Baron, Claire Kito und Daniel Boulogne fällt sehr unterschiedlich aus. Nur eines ist klar: Für die »Generation Selfie« ist sie ein absolutes Muss.

Im Jahr 2000 wurden in Montmartre 40 Quadratmeter Brandmauer – eine Fläche größer als viele Pariser Wohnungen – mit dunkelblauen Fliesen verziert: darauf in weißen Lettern 311-mal der Satz »Ich liebe dich« – in 250 Sprachen und Dialekten. Die Idee hatte Frédéric Baron, ein junger Pianist, der in den Kneipen von Montmartre spielte. Weil er sich im echten Leben nicht traute, *Je t'aime* zu sagen, bat er Zuhörer, Freunde und völlig Unbekannte, den Satz in ihrer Muttersprache oder Dialekt auf ein Blatt Papier zu schreiben. Am Ende hatte er über 1.000 DIN-A4-Blätter, darauf immer der Satz: »Ich liebe dich.« Am spannendsten fand Baron, dass kaum jemand sich je der Bitte verweigerte. Er habe das als Geschenk und irgendwann als Auftrag begriffen. So entstand die Wand aus 612 Fliesen, alle exakt im DIN-A4-Format, mit 311 Fassungen der Liebeserklärung. Ob Japanisch, Deutsch, Englisch oder Wolof, die meisten Besucher finden ihre Sprache – es gibt allein sechs arabische Dialekte aus dem Maghreb.

Die Texte wurden von Linguisten geprüft, bevor die Kalligrafin Claire Kito sie künstlerisch bearbeitete, was heißt, verschiedene Schrifttypen und -bilder zu nutzen. Der Künstler Daniel Boulogne steuerte den Gedanken bei, kein Papier zu verwenden, sondern ein wetterfestes Wandbild zu schaffen. Alle drei Namen finden sich unten rechts. Die roten Kleckse sollen im Übrigen gebrochene Herzen symbolisieren, nur durch die Kraft der Liebe wieder zusammenzufügen. Bleibt die Frage: Romantik, Kitsch oder politisches Pathos?

Die Dame im blauen Abendkleid über der Wand ist die Sängerin Dalida, die 25 Jahre lang in der Nachbarschaft wohnte.

Adresse Square Jehan Rictus, Place des Abbesses , 75018 Paris, www.lesjetaime.com | **ÖPNV** Metro 12 und Montmartrebus, Station Abbesses | **Tipp** Clara Halters »Mauer für den Frieden« steht seit 2000 direkt vor der Militärschule auf dem Champs de Mars. Das Wort Frieden in 49 Sprachen. Durchsichtig, bietet sie nachts den perfekten Blick auf den beleuchteten Eiffelturm. Leider häufig eingezäunt, da von Rassisten und Antisemiten beschmiert.

107 _ Die Welle
Eine Brücke für Simone de Beauvoir

Am 13. Juli 2006 weihte Bürgermeister Bertrand Delanoë im Pariser Süden eine neue Brücke ein. Es war die 37. im Pariser Stadtgebiet und die fünfte nur für Fußgänger und Radfahrer reservierte. Nichts Besonderes also, sollte man annehmen. Und doch: Die Passerelle Simone de Beauvoir ist die erste und einzige Brücke in Paris, die den Namen einer Frau trägt.

Dafür ist sie dann aber auch eine der schönsten Brücken geworden. Immerhin das. 304 Meter lang und zwölf Meter breit, verbindet sie die Nationalbibliothek François Mitterrand mit dem Park von Bercy. Der österreichische Architekt Dietmar Feichtinger hat mit der Passerelle in Form einer doppelt geschwungenen, in sich verschränkten Welle ein Kunstwerk geschaffen. Leicht und beschwingt wirkt die Stahlkonstruktion, obwohl allein die Mittelellipse 650 Tonnen wiegt. Dieser Mittelteil, von »Eiffel Construction Métallique« im Elsass mit Saarstahl gebaut, wurde 2005 per Schiff zur Baustelle transportiert und dann hier endmontiert. Danach folgten umfangreiche Belastungstests: Nicht nur wurden 550 tonnenschwere Wasserbehälter auf der Brücke verteilt, zudem mussten 100 Architekturstudenten über die Brücke laufen, springen und hüpfen, um die Schwingungsresistenz zu testen. Sie hatten erkennbar viel Spaß dabei.

Dank der verschränkten Wellenform kann die Brücke auf verschiedenen Ebenen benutzt werden, wobei es auch mehrfach möglich ist, die Ebene zu wechseln. Außerdem werden auf diese Weise beidseits die oberen und die unteren Uferbereiche erschlossen. Von der Uni und dem sehr betonlastigen 13. Arrondissement geht es so zum Seineufer direkt in den Park und umgekehrt. Das sieht toll aus, ist praktisch und macht Spaß. Die linke Feministin und berühmte Schriftstellerin Simone de Beauvoir (1908–1986) hätte ziemlich sicher ihre Freude daran gehabt, wie unkonventionell und praktisch zugleich »ihre« Brücke ausgefallen ist.

Adresse Quai de Bercy, 75012 Paris, und Quai François Mauriac, 75013 Paris | **ÖPNV** Rive Droite: Metro 6, 14, Station Bercy; Rive Gauche: Metro 6, Station Quai de la Gare; Metro 14, RER C, Station Bibliotèque François Mitterrand | **Tipp** Am linken Seineufer zu beiden Seiten der Passerelle bieten verschiedene Open-Air-Bars Drinks und Essen an. Zudem gibt es zwei fest verankerte Boote mit Livemusik (»Petit Bain« und »El Alamein«) sowie die »Piscine Joséphine Baker«, eine Badeanstalt auf einem Schiff.

108 Die Wilden
Das Musée du Quai Branly – Jacques Chirac

In der Regel wird zuerst das Haus gebaut, dann folgen Innenausstattung und Mobiliar. Das gilt mit Abstrichen auch für Museen. Beim Quai Branly war das definitiv anders. Der Architekt Jean Nouvel hat das Gebäude »um eine bestehende Sammlung herum« konzipiert. Sein Ziel: »Eine einzigartige Architektur für einzigartige Kunstwerke.« So entstand eine auf Stelzen stehende, gekrümmte, 200 Meter lange Brücke über einem Garten, außen bunt, innen offen. Das Bauwerk selbst soll auch als Sinnbild Brücken zwischen den Kulturen schlagen, tradierte Vorstellungen von »großer versus primitiver« Kunst einreißen.

Der Kunsthändler Jacques Kerchache begeisterte den konservativen Politiker Jacques Chirac schon in dessen Zeit als Pariser Bürgermeister für die angeblich primitive Kunst. Als Chirac dann 1995 Präsident wurde, trieb er das Museumsprojekt für die »Art premier« voran. Gezeigt werden sollte Kunst aus Afrika, Asien, Ozeanien und Amerika, ausgewählt nicht nach ihrer ethnografischen Herkunft, sondern wegen ihrer künstlerischen Qualität – wie in jedem Museum für europäische Kunst auch. Neben dem Eiffelturm, auf dem Gelände des ehemaligen Ministeriums für Außenwirtschaft, entstand das im Juni 2006 in Anwesenheit von UN-Generalsekretär Kofi Annan eingeweihte Haus mit 40.000 Quadratmeter Fläche. Jean Nouvel hatte damit kleiner gebaut als angedacht und so Platz für den Garten unter der Stelzenkonstruktion geschaffen. Statt eines Monuments schuf Nouvel eine Hülle. Keine Wände und Türen, keine gestaffelten Etagen, alles ist offen, geht ineinander über. Getöntes Glas und Sonnenblenden schaffen ein Halbdunkel, um die Werke in Szene zu setzen. Ein Kritiker nannte es »eine Mischung aus Urwald und Kathedrale«.

Alle Präsidenten bauen in Paris ihr persönliches Denkmal. Chirac hat es mit diesem Museum getan. Besonders empfehlenswert sind die Führungen speziell für Kinder.

Adresse 37, Quai Branly, 75007 Paris, Tel. +33 (0)1/56617000, www.quaibranly.fr | **ÖPNV** Metro 9, Station Alma – Marceau; RER C, Station Pont de L'Alma; Bus 4, 63, 80, 92, Station Bosquet – Rapp | **Öffnungszeiten** Mo–Mi, So 11–19 Uhr, Do–Sa 11–21 Uhr | **Tipp** Die Fassade des dazugehörigen Verwaltungsgebäudes ziert die »Mur végétal«, eine knapp 800 Quadratmeter große immergrüne Pflanzenwand, geschaffen von Patrick Blanc. Der »Grüne Mann« schuf in Paris auch eine Wand an der »Fondation Cartier« und eine weitere in der Rue Aboukir.

109 Der Windkanal
Das Laboratorium des Gustave Eiffel

Seinen Turm kennt jeder. Deutlich weniger Menschen wissen, dass Gustave Eiffel auch das Innenleben der Freiheitsstatue entwarf. Noch weniger, dass er in der ganzen Welt sehr schöne Stahlbrücken baute. Was aber kaum jemand weiß: Sein Laboratorium existiert bis heute: ein Windkanal aus dem Jahr 1912, der weiterhin wissenschaftlich genutzt wird. Dauerhaft in Betrieb, ist er der älteste der Welt.

Man muss es suchen. Ein unscheinbares, auf den ersten Blick kleines Haus im Quartier Auteuil. Darin Eiffels Windkanal, mit zwei Meter Durchmesser und einer Geschwindigkeit von 30 Metern pro Sekunde auch für heutige Verhältnisse ausreichend leistungsstark. Eine erste *Soufflerie* betrieb Eiffel 1909 direkt bei seinem Turm. Die musste er auf Geheiß der Stadt abreißen. Man fand sie zu hässlich. Der enorme Erfolg des Turms – Eiffel standen die Einnahmen der Besuchertickets zu, weil er den Bau größtenteils selbst finanziert hatte – ermöglichte es ihm, sich zur Ruhe zu setzen und seinen Forschungen zu widmen. Ein Skandal beim Bau des Panamakanals beschleunigte seinen Schritt.

Aerodynamische Studien waren zur Jahrhundertwende weitgehend neu. Da Eiffel vom Brücken- und Turmbau die gewaltigen Kräfte des Windes kannte, wollte er sie erforschen und, wo möglich, nutzbar machen. Seine Studien beschäftigten sich theoretisch mit den Einflüssen von Form und Material auf den Luftwiderstand und waren praktisch bahnbrechend für die Entwicklung von Flugzeugen. Im Labor wurde der Luftwiderstand von Autos erforscht, im Hinblick auf Geschwindigkeit und Kraftstoffverbrauch. Alles so modern, dass es heute die Spezifizierung »Windkanal Typ Eiffel« gibt, vor allem aber, dass im Labor noch heute vier Wissenschaftler arbeiten und forschen. Mittwochnachmittags – nach Voranmeldung – ist das zu besichtigen. Die Führung dauert 90 Minuten und ist für Techniker und Laien interessant.

Adresse 67, Rue Boileau, 75016 Paris, Tel. +33 (0)1/42884740, www.aerodynamiqueeiffel.fr | ÖPNV Metro 9, Bus 72, 88, Station Exelmans; Metro 10, Station Chardon – Lagache | Öffnungszeiten jeden Mi 14 Uhr Führung; Anmeldung zwingend unter exploreparis.com/fr/95-aerodynamique-eiffel.html | Tipp Für Sportfans ist die Umgebung ein Eldorado. Fußläufig liegen: das Prinzenparkstadion von PSG (mit Fanshop), das Stadion Jean-Bouin (hier überwand Sergej Bubka als erster Stabhochspringer die sechs Meter), die Pferderennbahn von Auteuil und natürlich die berühmte Tennisanlage Roland-Garros.

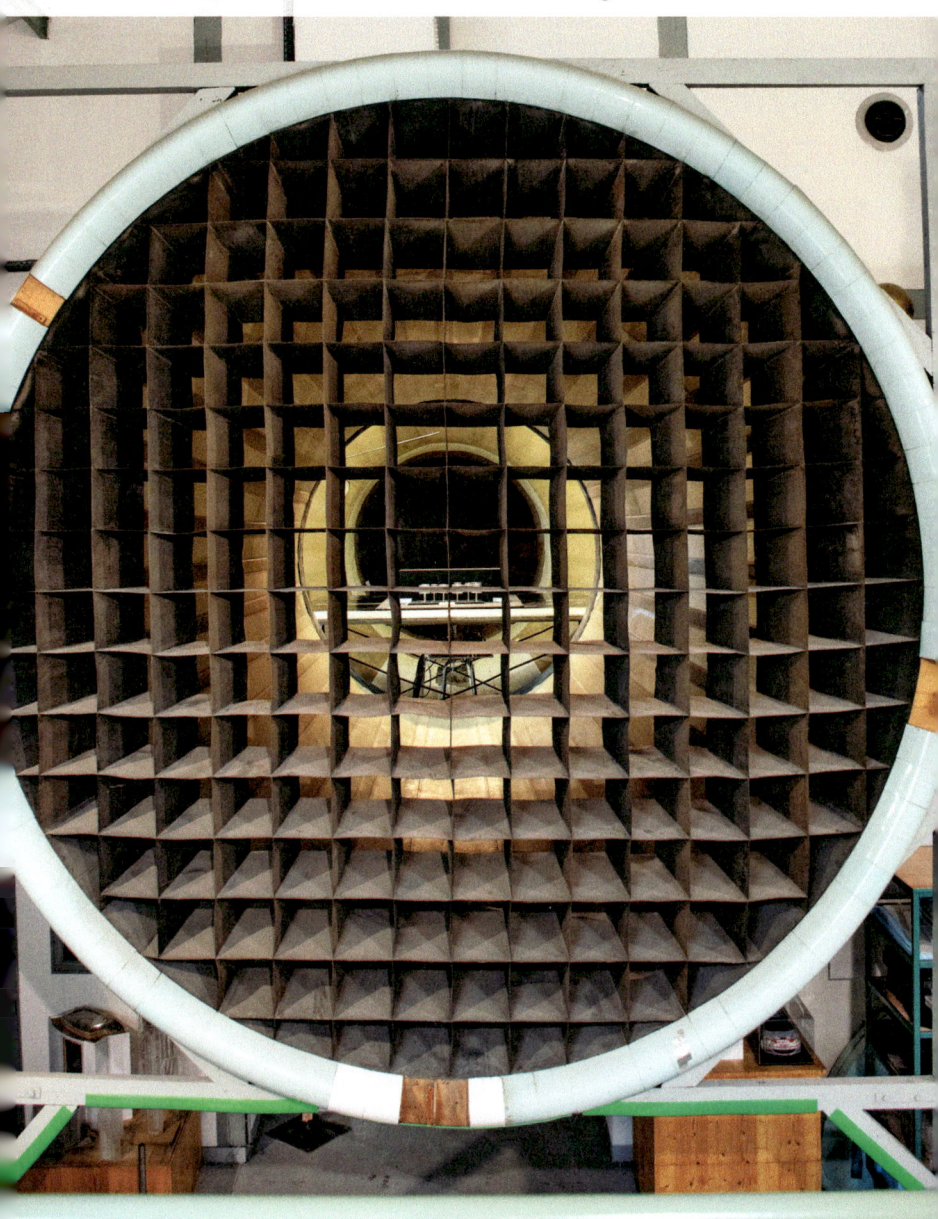

110 Der Wissenschaftspark
Technikspielplatz für Menschen von 2 bis 88

Bis 1974 beherbergte La Villette den Schlachthof von Paris. Daran erinnert wenig. An seiner Stelle liegt heute ein Naherholungsgebiet, der Park de la Villette. 55 Hektar Liegewiesen, Spielplätze, Bars, in der Mitte geteilt vom Canal de l'Ourcq. Im südlichen Teil des Parks die »Cité de la Musique« und die Philharmonie. Dazu die »Grande Halle« (jetzt Museum), der man ihre ursprüngliche Bestimmung als Schlachtort nicht mehr ansieht. Nördlich vom Kanal: ein riesiger Klotz mit dem sperrigen Namen »Stadt der Wissenschaften und der Industrie« und nur einem einzigen Zweck – der Vermittlung von Wissen und Interesse an Wissenschaft und Technik.

Wer denkt, ein Wissenschaftszentrum, wie langweilig, der war noch nicht hier. Kaum irgendwo macht der Umgang mit Wissen und Wissenschaft so viel Spaß. Ob das Thema nun Optik ist oder Akustik, Energie, Biologie, Weltraumtechnologie, Gehirn, ja selbst Mathematik: Immer geht es ums Ausprobieren, ums Selber-Tun. Es gibt ein Planetarium und ein Aquarium, es gibt Hubschrauber, Flugzeuge und Flugsimulatoren, U-Boote, Formel-1-Rennwagen, Raketentriebwerke. Man kann 3-D-Modelle entwerfen und drucken oder sich vom Königspinguin James den Südpol und vom Eisbär Wladimir den Nordpol zeigen lassen. Vor allem, man kann und soll alles anfassen, versuchen, selbst denken. Egal in welchem Alter.

Es gibt zwei eigene Kinderbereiche, einen für das Alter von zwei bis sieben Jahren, einen zweiten von fünf bis zwölf. Und so mancher Erwachsene versteht da zum ersten Mal, wie etwas wirklich funktioniert. Im ganzen Bau gilt: Es wird entweder erklärt oder ist so aufbereitet, dass man sich selbst an die Erkenntnis heranarbeiten kann. Höchst spannend, ernsthaft und zugleich erfreulich unernst.

Die Kritik, das sei zu technikaffin, ist unverständlich, schon weil auch die Auseinandersetzung mit Technikfolgen stattfindet, nicht nur beim Thema Gentechnologie.

Adresse 30, Avenue Corentin Cariou, 75019 Paris, Tel. +33 (0)1/85539974, www.cite-sciences.fr | **ÖPNV** Metro 7, Bus 139, 150, 152, Station Porte de la Villette; Metro 5, Station Porte de Pantin | **Öffnungszeiten** Di–Sa 10–18 Uhr, So 10–19 Uhr | **Tipp** Zum Komplex gehört das Kino »La Géode«, eine verspiegelte Kugel mit 36 Meter Durchmesser, bestehend aus 6.433 gleichschenkligen Dreiecken aus Nirosta-Stahl. Optisch ein Hammer, zeigt das »La Géode« IMAX-Filme und Liveübertragungen, zum Beispiel von Opern.

111 Das Wohnheim
Leben im ökologischen Vorzeigeprojekt

Auf der alten Eisenbahntrasse durch Clichy-Batignolles sollte ein Olympiapark entstehen, hätte Paris schon 2012 die Bewerbung um die Austragung gegen London gewonnen. Bis 2024 konnte das Areal nicht ungenutzt bleiben. Aber ausgerechnet ein ökologisches Vorzeigeprojekt auf die alte Industriebrache zu setzen, das war mutig, klaffen doch bisweilen bei Bauwerken heftige Lücken zwischen den Polen politischer Anspruch, ästhetischer Eindruck und handwerkliche Qualität. In Frankreich wurden viele Prozesse um ökologische Bauten geführt, weil Holzfenster nicht dicht eingesetzt wurden oder Böden aus kaum abgelagertem Holz nach dem Verlegen erheblich schrumpften.

Im Zentrum des Projekts steht der zehn Hektar große Park Martin Luther King, mit Sport- und Spielflächen, Gemeinschaftsgärten, großem Teich. Darum herum lauter Neubauten. Nichts ist »Schema F«, im Gegenteil. Jeder Bau hat Charakter, ist spannend und höchst eigenwillig gestaltet. Verbunden sind sie durch eine zentrale Beheizung mittels Geothermie, gemeinsame Regenwasser- und Müllaufbereitung. Bürgermeisterin Hidalgo setzte eine Mischbebauung mit Vorgaben durch: 30 Prozent des Wohnraums sind sozial gebunden, der maximal zugelassene Wärmeverbrauch entspricht der deutschen Norm für Passivhäuser. Was soll man sagen: Die Vorgaben wurden mehr als erfüllt, und alles zusammen sieht großartig aus.

Der tollste Bau stammt von der Architektin Anne-Charlotte Zanassi, heißt »Résidence Martin Luther King« und beherbergt eine Grund- und eine Vorschule mit eigener Großküche sowie 152 Studentenappartements. Extrem unterschiedliche Anforderungen waren so an das Gebäude gestellt. Das Ergebnis kann sich mehr als nur sehen lassen, es ist ein Knaller. Die Fassade aus gebrannter Terrakotta, dazu Farbakzente und teilweise bepflanzte Wände. Hoffentlich ist die Bauausführung auch so gut wie die Optik.

Adresse Résidence Martin Luther King, 20–26, Rue Bernard Buffet, 75017 Paris, Tel. +33 (0)1/40513768, www.crous-paris.fr | **ÖPNV** Metro 13, Station Brochant; RER C, Station Porte de Clichy; Bus 31, 54, 66, 74, 528, Station Brochant – Cardinet | **Tipp** Die »Cité Universitaire« am anderen Ende der Stadt ist ein Campus mit 40 Wohnheimen für Studenten und Professoren. Hier lebten Sartre und Léopold Senghor, Pierre Trudeau und Karen Blixen. Le Corbusier entwarf die Häuser der Schweiz und von Brasilien, die Brüder Medellin die »Maison du Mexique« und Marinus Dudok das »Collège néerlandais«.

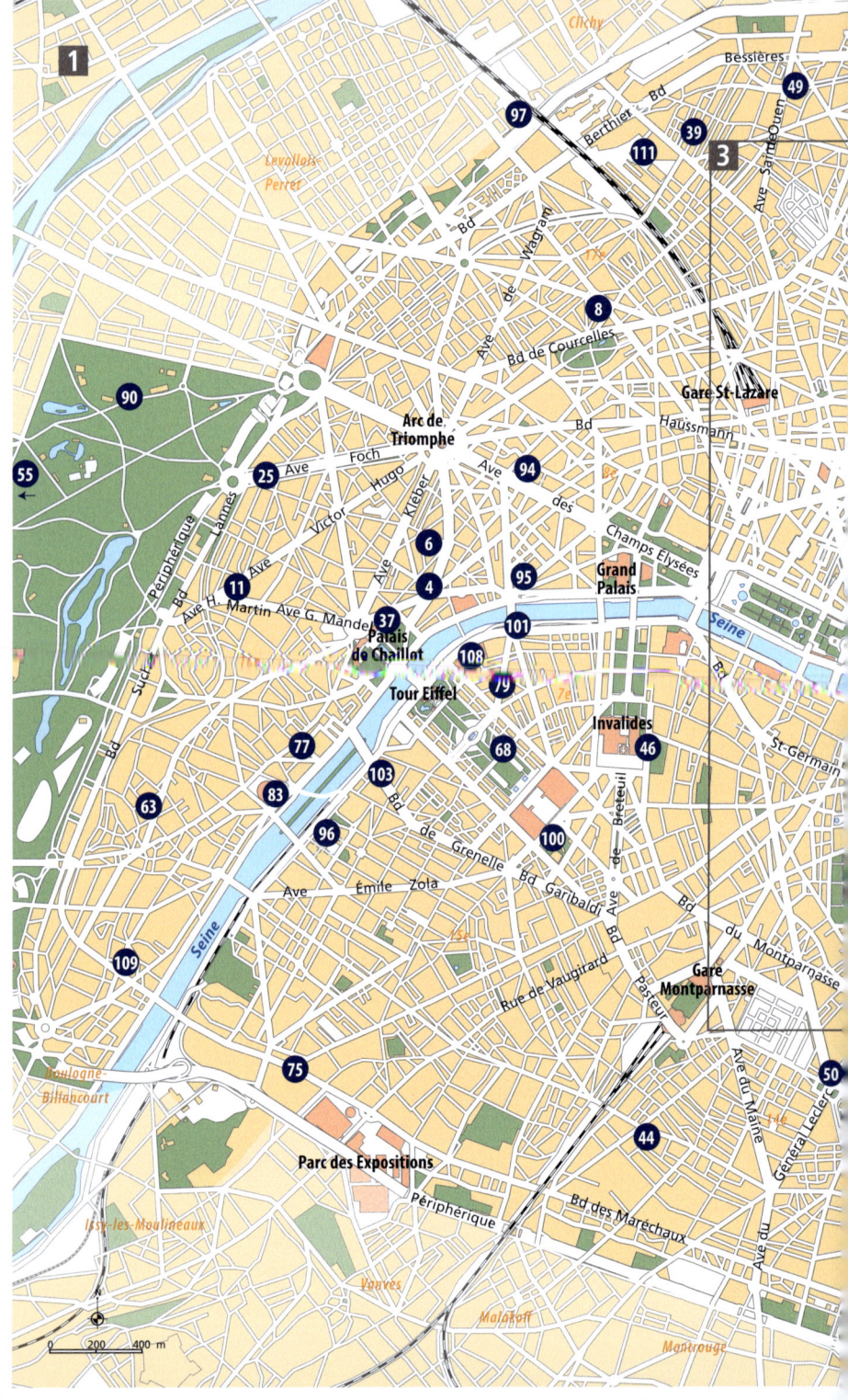

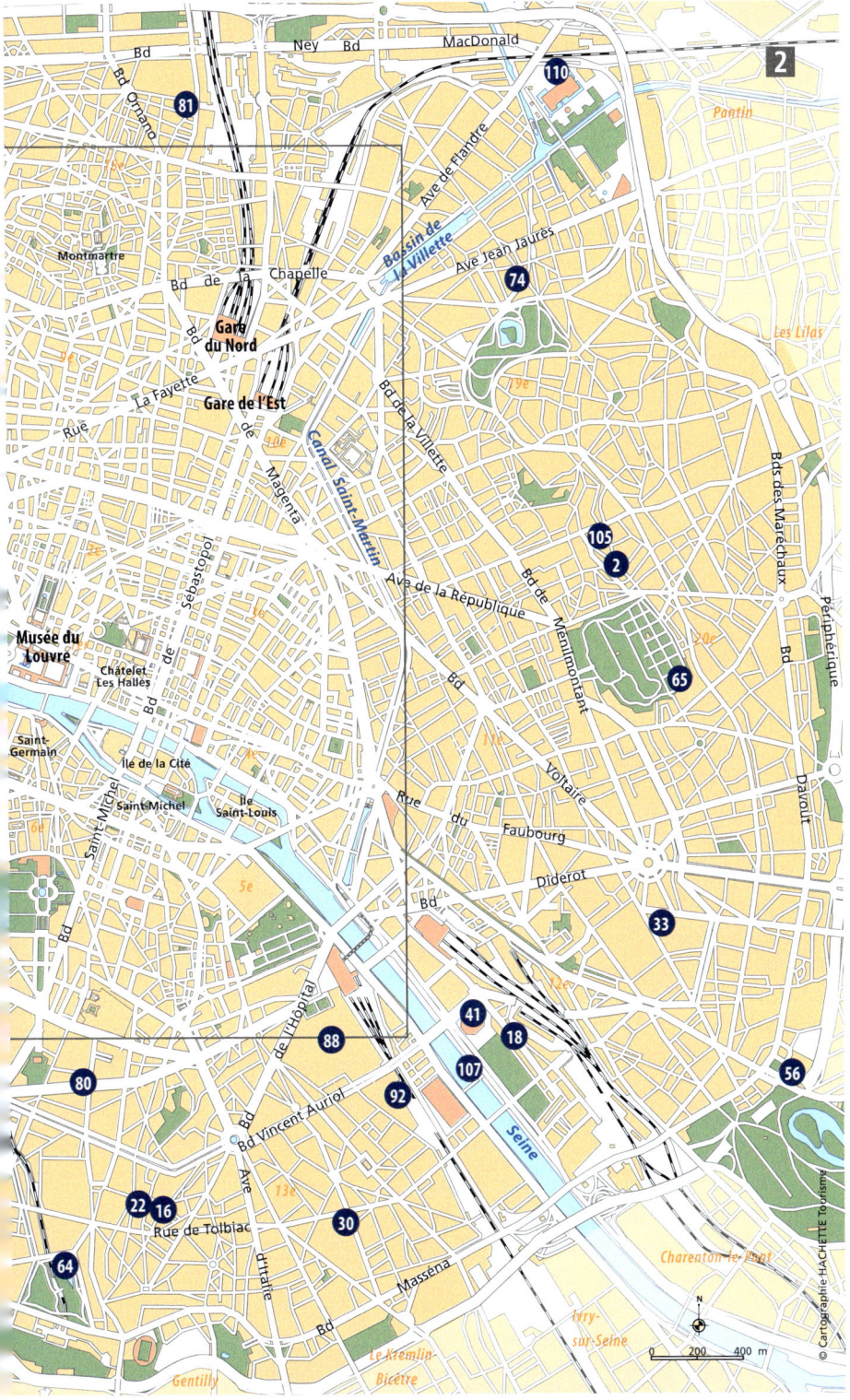

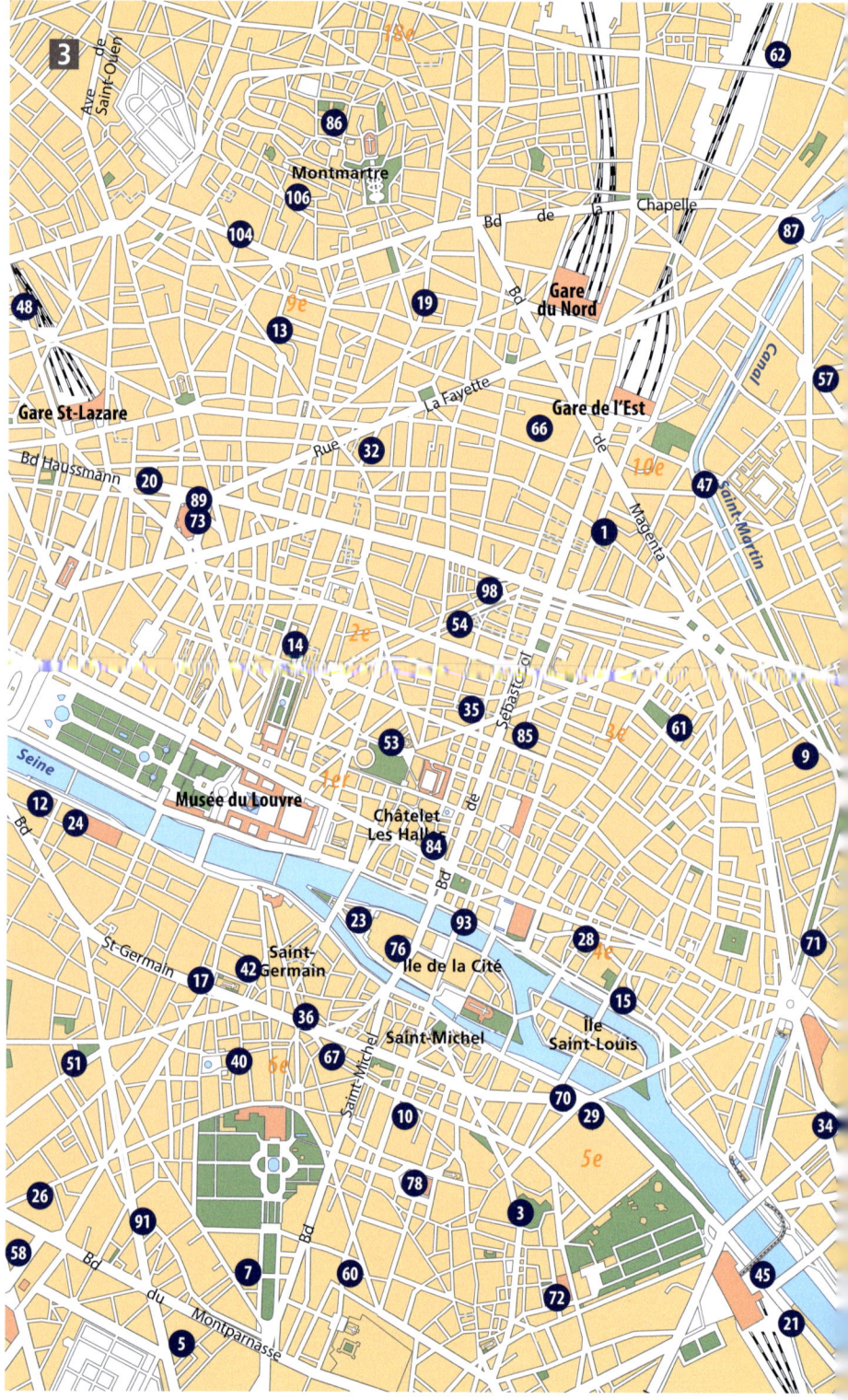

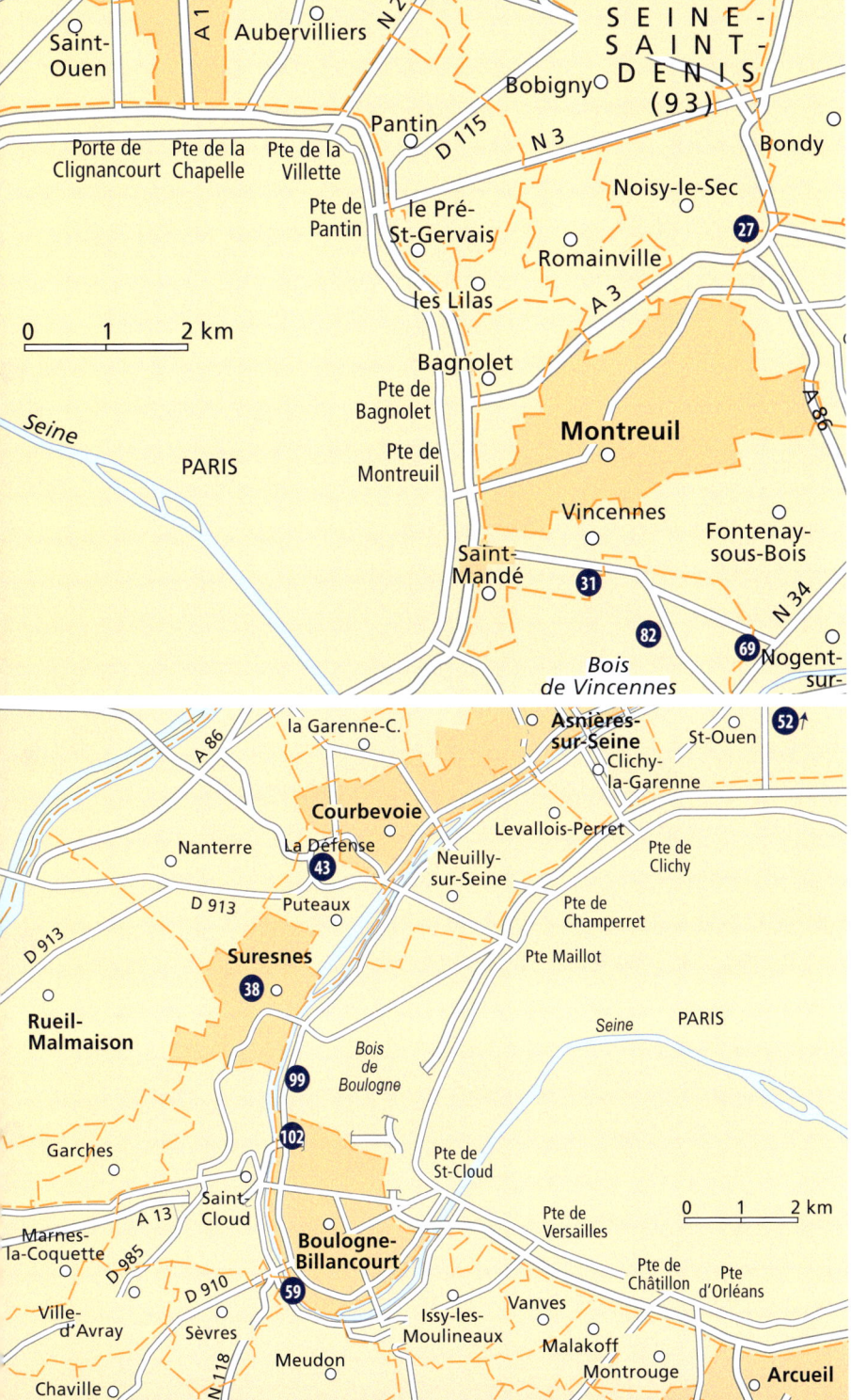

Kay Walter, Rüdiger Liedtke
111 Orte in Brüssel, die man gesehen haben muss
ISBN 978-3-7408-0128-1

Sybil Canac, Renée Grimaud, Katia Thomas
111 Orte in Paris, die man gesehen haben muss
ISBN 978-3-95451-847-0

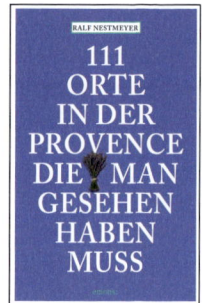

Ralf Nestmeyer
111 Orte in der Provence, die man gesehen haben muss
ISBN 978-3-95451-094-8

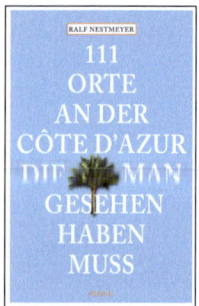

Ralf Nestmeyer
111 Orte an der Côte d'Azur, die man gesehen haben muss
ISBN 978-3-95451-563-9

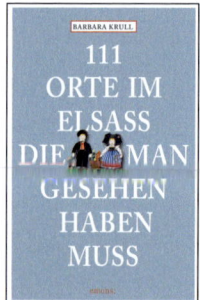

Barbara Krull
111 Orte im Elsass, die man gesehen haben muss
ISBN 978-3-95451-596-7

Ralf Nestmeyer
111 Orte in der Normandie, die man gesehen haben muss
ISBN 978-3-95451-839-5

Georg Renöckl
111 Orte in Nordfrankreich, die man gesehen haben muss
ISBN 978-3-7408-0559-3

Evelyn Pschak von Rebay
111 Orte in den (französischen) Pyrenäen, die man gesehen haben muss
ISBN 978-3-7408-0562-3

Marcus X. Schmid, Monika Steineberg
111 Orte in der Bretagne, die man gesehen haben muss
ISBN 978-3-7408-0572-2

Jo Berlien, Sabina Paries
111 Orte in Straßburg, die man gesehen haben muss
ISBN 978-3-7408-0576-0

Alexander Barth, Jenny Roder
111 Orte in Lüttich, die man gesehen haben muss
ISBN 978-3-95451-925-5

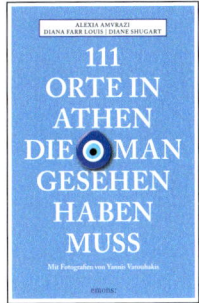

Alexia Amvrazi, Diana Farr Louis, Diane Shugart, Yannis Varouhakis
111 Orte in Athen, die man gesehen haben muss
ISBN 978-3-7408-0560-9

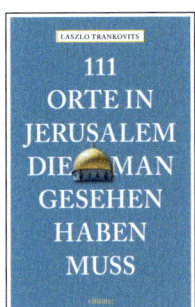

Laszlo Trankovits
111 Orte in Jerusalem, die man gesehen haben muss
ISBN 978-3-7408-0390-2

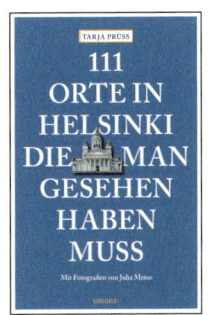

Tarja Prüss, Juha Metso
111 Orte in Helsinki, die man gesehen haben muss
ISBN 978-3-7408-0342-1

Kathleen Becker
111 Orte in Lissabon, die man gesehen haben muss
ISBN 978-3-7408-0244-8

Joscha Remus
111 Orte in Luxemburg (Stadt), die man gesehen haben muss
ISBN 978-3-7408-0363-6

Sabine M. Gruber
111 Orte der Musik in Wien, die man erlebt haben muss
ISBN 978-3-7408-0348-3

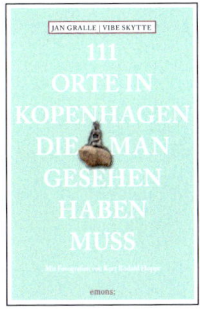

Jan Gralle, Vibe Skytte, Kurt Rodahl Hoppe
111 Orte in Kopenhagen, die man gesehen haben muss
ISBN 978-3-7408-0243-1

Matěj Černý, Marie Peřinová
111 Orte in Prag, die man gesehen haben muss
ISBN 978-3-95451-927-9

Dorothee Fleischmann, Carolina Kalvelage
111 Orte in Budapest, die man gesehen haben muss
ISBN 978-3-95451-744-2

Andrea Livnat, Angelika Baumgartner
111 Orte in Tel Aviv, die man gesehen haben muss
ISBN 978-3-7408-0725-2

Cornelia Lohs
111 Orte in Bern, die man gesehen haben muss
ISBN 978-3-95451-669-8

Giulia Castelli Gattinara, Mario Verin
111 Orte in Mailand, die man gesehen haben muss
ISBN 978-3-95451-617-9

Cornelia Ziegler, Chris Sindermann
111 Orte auf Kreta, die man gesehen haben muss
ISBN 978-3-95451-540-0

Laszlo Trankovits, Rüdiger Liedtke
111 Orte in Kapstadt, die man gesehen haben muss
ISBN 978-3-95451-456-4

Eckhard Heck
111 Orte in Maastricht, die man gesehen haben muss
ISBN 978-3-95451-368-0

Halûk Uluhan, Marcus X. Schmid
111 Orte in Istanbul, die man gesehen haben muss
ISBN 978-3-95451-333-8

Christiane Bröcker,
Babette Schröder
111 Orte in Stockholm, die man gesehen haben muss
ISBN 978-3-95451-203-4

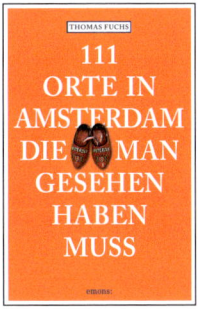

Thomas Fuchs
111 Orte in Amsterdam, die man gesehen haben muss
ISBN 978-3-95451-209-6

Annett Klingner
111 Orte in Rom, die man gesehen haben muss
ISBN 978-3-95451-219-5

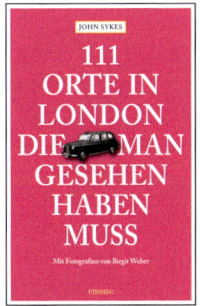

John Sykes, Birgit Weber
111 Orte in London, die man gesehen haben muss
ISBN 978-3-95451-117-4

Dirk Engelhardt
111 Orte in Barcelona, die man gesehen haben muss
ISBN 978-3-95451-066-5

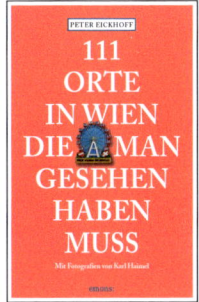

Karl Haimel, Peter Eickhoff
111 Orte in Wien, die man gesehen haben muss
ISBN 978-3-89705-969-6

Lust auf mehr? Laden Sie sich die »LChoice«-App runter, scannen Sie den QR-Code und bestellen Sie weitere Bücher direkt in Ihrer Buchhandlung.

Der Autor

Kay Walter ist politischer Journalist, Filmemacher und Medientrainer. Er hat viele Jahre über deutsche und internationale Politik aus Bonn, Berlin und Brüssel berichtet. Über Brüssel hat er gemeinsam mit Rüdiger Liedtke ein Buch in der Erfolgsserie »111 Orte« geschrieben. Er lebt und arbeitet in Paris.